Wolfgang W. Müller (Hg.)

Reden über die Welt und Gott

CW00553900

T V Z

Wolfgang W. Müller (Hg.)

Reden über die Welt und Gott

Otto-Karrer-Vorlesungen
2010–2017

EDITION **N Z N**

BEI **T V Z**

Theologischer Verlag Zürich

Schriften Ökumenisches Institut Luzern 11

Die Publikation wurde durch namhafte Beiträge ermöglicht:
Ökumenischer Förderverein Luzern
Katholische Kirche im Kanton Zürich

Der Theologische Verlag Zürich wird vom Bundesamt für Kultur mit
einem Strukturbeitrag für die Jahre 2016–2018 unterstützt.

Bibliografische Information der Deutschen Nationalbibliothek
Die Deutsche Bibliothek verzeichnet diese Publikation in der Deutschen
Nationalbibliografie; detaillierte bibliografische Daten sind im Internet
über http://dnb.d-nb.de abrufbar.

Umschlaggestaltung: Simone Ackermann, Zürich
Druck: ROSCH-Buch Druckerei GmbH, Scheßlitz
ISBN: 978-3-290-20144-9

Inhalt

Vorwort

Im Leben des Theologen Otto Karrer spiegeln sich die Anliegen von Kirche, Ökumene und Gesellschaft wie in einem Prisma. Otto Karrer, 1888 in Ballrechten im Markgräfler Land geboren, lebt als Theologe und Seelsorger seit der Zeit des Dritten Reiches in Luzern am Vierwaldstättersee, wo er 1976 verstirbt. Hier entfaltet er eine große schriftstellerische wie seelsorgerliche Tätigkeit.[1] Anliegen der ökumenischen Bewegung und die Fragen nach der Relevanz von Glaube und Theologie in der modernen Welt prägen seine vielfältigen Tätigkeiten. Selbstverständlich sind viele seiner Arbeiten sehr zeitbezogen. So spricht er beispielsweise in seinen Publikationen im Stil der Zeit von der «Seele der Frau». Im Buch «Seele der Frau», das 1932 erstmals im Ars Sacra Verlag (München) erscheint, geht es ihm um die grundsätzliche Frage nach der Rolle der Frau in Kirche und Theologie. Seine Theologie wie seine meisterhafte Übersetzung des Neuen Testaments bezeugen den biblischen Zugang seiner Fragestellungen und Themen, seine Arbeit zu

---

1 Zu Leben und Werk von Otto Karrer siehe etwa: *Höfler, Liselotte/Conzemius, Viktor (Hg.):* Otto Karrer 1888–1976. Kämpfen und Leiden für eine weltoffene Kirche. Freiburg i. Br.: Herder, 1985; *Müller, Wolfgang W.:* Otto Karrer. Eine Lebensskizze. In: *Ders. (Hg.):* Otto Karrer. Fundamente und Praxis der Ökumene gestern und heute. Berlin: Morus, 2004, 8–33; *Wiederkehr, Dietrich:* Otto Karrer: Der ökumenische Seelsorger. In: *Ders.:* Für einen befreienden Glauben. Drei Theologen als Wegbereiter. Luzern: Pro Libro, 2005, 48–75.

Augustinus, Meister Eckhard und John Henry Newman zeichnet einen existenziellen Zugang seines theologischen Schaffens.

Seit dem Jahr 2003 findet an der Theologischen Fakultät der Universität Luzern die Otto-Karrer-Vorlesung einmal jährlich statt. Diese öffentliche Vorlesungsreihe möchte einerseits Leben und Werk eines Pioniers der ökumenischen Bewegung in der Schweiz in Erinnerung rufen, andererseits Anliegen von Theologie und Ökumene in Dialog mit Fragen der heutigen Zeit und Gesellschaft in Verbindung bringen. Neben ökumenischen Themen hat sich Otto Karrer ebenfalls mit Fragen des interreligiösen Dialogs sowie sozialen Fragen als auch allgemein kirchlichen Fragen beschäftigt. In lockerer Folge werden die Vorlesungen publiziert. Die ersten beiden Otto-Karrer-Vorlesungen werden von Lukas Vischer und Karl Kardinal Lehmann bestritten.[2]

Im vorliegenden Sammelband werden die Beiträge der Otto-Karrer-Vorlesung von Prof. Dr. Ernst Ulrich von Weizsäcker («So gebt dem Kaiser, was des Kaisers ist, und Gott, was Gottes ist! [Mt 22,21b]»), Frère Alois, Prior von Taizé («Habe die Leidenschaft für die Einheit des Leibes Christi»), Prof. Dr. Dr. Udo di Fabio («Europa in der Krise: Trägt die europäische Idee?»), Kardinal Errazuriz Ossa aus Chile («Die 5. Generalversammlung des Episkopats von Lateinamerika und der Karibik und ihre Beziehung zu Papst Franziskus»), Prof. Dr. Thierry Carrel («Der alte Patient und das MEER»), Kardinal Gerhard Ludwig Müller («Die Gottesfrage – heute») und Guido Fluri («Wiedergutmachung – auch ein Thema der Ethik») aufgenommen. Allen Autoren sei an dieser Stelle noch-

---

2   Beide Vorträge finden sich in *Müller, Wolfgang W. (Hg.):* Otto Karrer. Fundamente und Praxis der Ökumene gestern und heute. Berlin: Morus Verlag, 2004. Die von Margot Käßman, Wolfgang Schäuble und Cornelio Sommaruga gehaltenen Otto-Karrer-Vorlesungen finden sich in: *Käßman, Margot/Schäuble, Wolfgang/Sommaruga, Cornelio:* Horizontale Ökumene. Otto-Karrer-Vorlesungen zu Ökumene, Caritas und interreligiösem Dialog. Zürich: Edition NZN bei TVZ, 2007.

mals gedankt, eine Rede in der Reihe der Otto-Karrer-Vorlesungen übernommen zu haben.

Die unterschiedlichen Themen verstehen sich als ein «Reden über Gott und die Welt». Unter dem Aspekt ganz unterschiedlicher Tätigkeiten und Disziplinen wird nach der Frage und der Relevanz von Glaube und Spiritualität nachgegangen. Die hier gesammelten Beiträge spiegeln so die Frage nach Gott, Glaube und Welt in der modernen und säkularen europäischen Gesellschaft in einem facettenreichen Bouquet. Aus der Perspektive der Naturwissenschaften, der Rechtswissenschaft, der Medizin, der Politik und der Theologie werden grundsätzliche Fragen des individuellen wie gesellschaftlichen Lebens behandelt: Nachhaltigkeit und Bewahrung der Schöpfung, Gerechtigkeit, Heilung und Heil, Suche nach Wegen der Versöhnung und die Frage nach Gott.

Die einzelnen Autoren der Beiträge sind profilierte Vertreter ihres Faches und sehen die behandelten Themen in einem größeren Kontext. Sie stehen «wahrhaft im Riss», wie der reformierte Dekan Werner Meyer das Wirken seines Freundes Otto Karrer umschrieb. Das biblische Wort «im Riss stehen», das dem Propheten Jesaja entlehnt ist (vgl. Jes 58,12), soll als Metapher für den notwendigen Dialog stehen, für den sich die einzelnen Autoren in ihren unterschiedlichsten Themen einsetzen. Der dritte Band der Reden der Otto-Karrer-Vorlesung druckt einen Vortrag von Peter Vogelsanger «Otto Karrer. Person und Wirkung» ab, den der reformierte Pfarrer am Fraumünster in Zürich, zum Anlass der Gründung der Vereinigung der Freunde von Otto Karrer im Dezember 1977 gehalten hat.

In der Regel behalten die Reden über Gott und die Welt, die in diesem Buch versammelt sind, Stil und Duktus des mündlichen Vortrags bei. Jeder Beitrag stellt eine Art Visitenkarte des Autors dar und spiegelt atmosphärisch die Stimmung der jeweiligen Otto-Karrer-Vorlesung, die in der Regel in der Jesuitenkirche (Luzern) gehalten wurde. Die Lektüre der Beiträge kann ganz unterschiedlich erfolgen. Die einzelnen Beiträge können in chronologischer

Folge gelesen werden, ebenso kann ein Einstieg gewählt werden, der von der Thematik her bestimmt wird. Nach eigenem Gusto kann letztlich der Autor Grund der Lektüre sein. Egal welcher Zugang gewählt wurde, Reden über die Welt und Gott zu lesen und nachzulesen, verheißt jedenfalls Spannung und Genuss.

Luzern, im Mai 2017   Wolfgang W. Müller

Reden über Gott

Peter Vogelsanger

Otto Karrer
Person und Wirkung[1]

Vielfalt der Person

Heute vor 14 Tagen, in später Abendstunde, stand ich vor dem
verschneiten Grabe Otto Karrers droben im Hof. Ich musste den
Schnee von der Grabplatte wegwischen, um es feststellen zu können. Mit leiser Betroffenheit las ich die Worte «Otto Karrer – Theologe und Seelsorger»; dazu die Daten seiner Geburt und seines
Todes. Ist in diesen knappen Angaben die Gesamtheit seines reichen Wirkens kongruent ausgedrückt? War er nicht und vor allem
Prediger, dazu Forscher, Schriftsteller, Lehrer, Dichter, Priester,
dazu und vor allem ein überaus liebenswürdiger und liebender
Mensch von einem überströmenden Reichtum an Charismen?
Können überhaupt zwei abstrakte, fest umrissene Begriffe diese
lebendige vielfältige, ständig sich wandelnde und stets sich gleich-
bleibende Persönlichkeit erfassen? – Bei genauem Nachdenken
musste ich mir sagen: ja, «Theologe und Seelsorger» – damit ist
schlicht alles gesagt. Er war Theologe mit Leib und Seele, in jenem
Sinn des Forschens und Lehrens, der in einem immer neu anset-
zenden, kritischen und heilsamen dialektischen Denkprozess nach
der in Schrift und Tradition der Kirche uns vorgegebenen, nie ganz
erfassten und ins Wort eingespannten und doch verheißungsvoll
auf uns harrenden, nie zur Verfügung stehenden und doch stets

---

1   Referat von Dr. Peter Vogelsanger, Pfarrer am Fraumünster, Zürich, gehal-
    ten an der Gründungsversammlung der Vereinigung der Freunde von Otto
    Karrer am 10. Dezember 1977 in Luzern.

13

auf uns zukommenden Wahrheit Gottes in Christus forschte. Und von dieser Theologie aus wurde er Seelsorger, suchte mit unermüdlicher Liebe den Menschen von heute, sorgte sich um seine Seele, um sein Eigentliches und Gottbestimmtes, wusste mit seinem großen Lehrer John Henry Newman, «dass ein Mensch, ganz gleichgültig, wo sein Ausgangspunkt sei, vorausgesetzt nur, dass er mit dem Kompass des Gewissens unterwegs ist, durch eine eindeutige Erkenntnisfolge von der Überwindung des Atheismus zum Gottesglauben und vom Gottesglauben zu Christus kommen wird», dass umgekehrt der «abendländische Atheismus die geradlinige Konsequenz ist, wenn einmal der Glaube an die Offenbarung in Christus, dem göttlichen Sohn, aufgegeben wird». Den Menschen von heute in Predigt und Gespräch, in Diskussion und in Briefen diesen Weg zum Glauben zu führen, war die Leidenschaft seines Herzens, und zwar so, dass er als Seelsorger immer Theologe blieb, ganz und gar, sich nicht durch falsch verstandene Liebe und billiges Verständnis in einen Humanismus hegelianischer oder existenzialer Prägung oder in einen leeren Psychologismus verlor, sondern streng bei der Person und bei der Sache des Glaubens blieb; wie er umgekehrt in der Theologie immer auf den Menschen, sein Heil, die Sorge um die Seele abzielte und einen Horror vor allem theologischen Glasperlenspiel hatte.

Konsequenz und Bruch im Werdegang

Seinen äußern und zum größten Teil auch seinen innern, geistigen Weg kennen wir. Ich habe ihn mehrmals aufgezeichnet und kann in dieser Stunde nur knapp zusammenfassen. Dieser Weg ist überaus klar und konsequent. Er hat Stufen, Wendungen, selbst Brüche, überraschende Ausweitungen, doch nie Abgründe und Schründe. Er zeugt von Kämpfen, Hoffnungen, Enttäuschungen, von verborgenem Leiden und von unbesieglicher Freude, die aus seinem Antlitz leuchtete. Und er führte zum Ziel, über dem schon ein Hauch von Verklärung aufdämmerte, als er vor einem Jahre starb. Viele Spuren sind noch nicht aufgehellt, manche Episode scheint vergessen zu sein. Ich werde nachher zwei bedeutsame nennen, die entweder unbekannt oder vergessen sind. Und in allen Kämpfen und Wendungen ist er sich treu geblieben, fester und bestimmter geworden durch den Glauben.

Aus bäuerlichem Geschlecht wurde Otto Karrer am 30. November 1888 im badischen Ballrechten an den westlichen Abhängen des Schwarzwaldes geboren. Die robuste Gesundheit und unermüdliche Arbeitskraft bis ins hohe Alter verriet diese Herkunft. Dort wuchs er auf in der katholischen Dörflichkeit des Breisgaus (unter der Hut eines wackeren Vaters und einer bis zu ihrem Tod ihn pfleglich schützenden, charaktervoll-gläubigen und von ihm stets hochverehrten Mutter). Schon damals im heimischen breisgauischen Dorf war er nicht ohne Berührung mit den nahen evangelischen Markgräflern. Zeitlich und örtlich nicht weit entfernt stand auch die Wiege seines späteren Ordenslehrers _in biblicis_ Augustin Bea. Die Gymnasialzeit in Freiburg, im menschlichen Bereich eine glückliche Zeit für den Bauernjungen, führte trotz oder wegen intensiver aufklärerisch-liberalistischer, zuweilen geradezu antikirchlicher und antichristlicher Einflüsse den Jüngling entschieden auf den Weg der Nachfolge Christi im Dienst des Reiches Gottes, auf den Weg des Theologen und Priesters. In Innsbruck und in Valkenburg (Holland) vertiefte er sich mit Inbrunst in alle Disziplinen der Theologie, schon damals eine Neigung zur Historie und Patristik und eine leise Abwehr gegen die herrschende Scholastik verspürend. Den Schliff der jesuitischen Schulung – er trat in Innsbruck ins Noviziat der Gesellschaft Jesu ein, übernahm bald in Feldkirch und Valkenburg parallel zum Gang in der Ordensdisziplin schon Lehraufgaben – spürte man seinem Denken, seiner weiten Bildung, seiner klassisch-klaren Formulierungsgabe, seiner gewandten Feder, seinem wirkungsvollen Wort lebenslang an. Doch die dem jungen Doktor der Theologie in Rom vom Ordensgeneral gestellte Aufgabe, das Schrifttum des Kardinals Bellarmin, des berühmten Kontroverstheologen aus der Zeit der Gegenreformation, zu studieren und zu edieren, brachte den innern Konflikt und den äußern Bruch mit dem Orden. Diese Art

Theologie erschien ihm «als Unglück, wenn nicht für die damalige Kirche, so doch für das Reich Gottes heute». Mit der ihm innewohnenden intellektuellen und religiösen Redlichkeit zog er die Konsequenz und trat, sich selber und seinen Ordensvorgesetzten, die große Hoffnungen auf seine hohe Begabung gesetzt hatten, zum Schmerz aus dem Orden aus, nach außen ungesichert und nicht wissend, wohin ihn der Weg führen würde. Dass er damals, im Suchen und Tasten nach dem eigenen Weg und angezogen vom Irrlicht der beiden später in der Anthroposophie landenden berühmten Kanzelredner Geyer und Rittelmeyer in Nürnberg, sich dem evangelischen Christentum näherte und sogar eine zeitlang als Mitarbeiter dieser beiden Männer wirkte, war eine der von mir vorher angedeuteten, bis heute unbekannt gebliebenen Episoden seines Lebens, die er mir einmal im freundschaftlich-nächtlichen Gespräch verriet. Er selbst betrachtete sie später als Verirrung und fand aus ihr heraus, sich dem verständnisvollen Kardinalerzbischof Faulhaber offenbarend, seinen klaren Weg zurück in die katholische Kirche, die ihm allein Heimat sein konnte, wie viel er auch an der damaligen Gestalt und Struktur dieser Kirche leiden mochte. Der Kardinal auferlegte ihm eine Pönitenz im Kloster Beuron, die neues, fruchtbares Denken und Vertiefung des Glaubens erschloss, und die Vermittlung seines alten Lehrers Paul de Chastonnay und die Weitherzigkeit eines toleranten Bischofs von Chur ermöglichten ihm Mitte der zwanziger Jahre, sich als Weltpriester, freier Schriftsteller und enger Mitarbeiter des «Ars sacra»-Verlages in München in Weggis am Vierwaldstättersee niederzulassen, wo sein von der Mutter und der Pflegeschwester betreutes Heim bald der Sammelpunkt eines differenzierten, von den religiösen wie den Zeitfragen bewegten und doch sehr homogenen Freundeskreises wurde. Die Privatisierung seines Daseins mochte er freilich beim ungestümen Drang in weites Wirken schmerzlich empfunden haben.

Aus der doch leise drohenden Isolierung holte ihn ein Ruf, zunächst als singulärer Auftrag aufgefasst: Pfarrer Carl Bossart an der hiesigen Pauluskirche übertrug Otto Karrer in der Karwoche

1928 die Fastenpredigten. Es war sein erstes öffentliches Auftreten und kirchliches Wirken bei uns. Und es werden einige unter uns sein, die es miterlebt haben. Wie zündend ist mir die Faszination noch gegenwärtig, die von dem hochgewachsenen, dunkelhaarigen, ernsten Prediger ausging. Es war die Faszination nicht der Psyche oder der Sarx, der bloßen Rhetorik und denkerischen Klarheit – das alles war durchaus auch präsent –, vielmehr des Pneumas, des heiligen Feuers. Da erhob sich einer aus den damaligen Niederungen leerer Kanzelrhetorik, statischer Dogmatik und seicht-muffiger Erbaulichkeit, frei und kühn und doch voll Zucht und Gehorsam, mit einer den Zweifel und die leeren Worte niederschlagenden Kraft des Glaubenszeugnisses. Hier wurde ein Ton angeschlagen, der viele, vom kleinen Gymnasiasten bis zum hohen Magistraten, von der einfachen Hausfrau oder Büroangestellten bis zum hohen Militär oder Wirtschaftler aufhorchen ließ.

Vergeistigter Katholizismus

Was war das für ein Ton? Es ist nicht leicht, dieses spezifische Charisma Otto Karrers zu beschreiben. Man würde sich täuschen. wenn man wähnte, es sei damals schon das ökumenische Anliegen gewesen, das Streben nach brüderlicher Einheit der Christusgläubigen, die klare Erkenntnis der Unmöglichkeit und Sündhaftigkeit der Teilung und Trennung der doch nur einen Kirche, das Suchen nach Überwindung ihrer Spaltung. Vielmehr war es, so möchte ich es nennen, ein vergeistigter Katholizismus, der nach Ausdruck und Durchbruch rang, der sich suchend, schwebend und doch eindeutig in der Zielrichtung, aus den Fesseln der Institution, des Ritualismus, des toten Traditionalismus losrang, völlig unpolemisch und befreiend wirkend. Genährt war er aus der intensiven Beschäftigung mit der mittelalterlichen Mystik, die am Exempel des Meisters Eckhart Otto Karrer vom Verdacht der Häresie zu reinigen suchte, deren gefährliche und überbordende Tendenzen er zugleich von einem christozentrischen Denken und Glauben her durchaus erkannte und überwand; weiter vom Rückgriff über das Mittelalter und seiner uns zuletzt doch nicht helfenden Fragestellung und Lösung hinaus in die ältere Tradition der Patristik, vor allem Augustins, aus dessen Kirchenbegriff er vor allem die spirituellen Gottesreichsgedanken ans Licht hob und die Härten eines schon hierarchisch werdenden Denkens und Strebens zurückdrängte; und wie die Kirchenväter zu ihrer Zeit, da noch keine ecclesia triumphans das Bild zu trüben vermochte, im Glauben gegen das antike Heidentum fochten, so entdeckte er in Newman den Denker der Neuzeit, der mit geradezu eschatologischem Spürsinn die Gefährdung des Menschen durch eine vom Glauben sich abwendende Moderne durchschaute. Vor allem aber wurde die Quelle seiner Predigt und Seelsorge die leidenschaftlich-sorgfältige Beschäftigung mit der Heiligen Schrift. Otto Karrer ist der erste katholische eigentliche Bibeltheologe, der mir begegnet ist, der als verbi Divini minister, nicht magister auf der Kanzel stand – ganz ohne Spitze gegen Personen oder Strömungen sei das gesagt. Die Kategorien und Kampfparolen «Schrift *und* Tradition», «Schrift *oder* Tradition», «Die Schrift *allein*» erschienen ihm damals schon als veraltet, wie überhaupt sein an der Schrift und der Tradition geschultes Denken und Glauben mehr und mehr die alten alternativistischen Fragestellungen und Positionen sprengte.

Wirken in die Weite

Auf diesem Weg ging es innerlich und äußerlich weiter. Aus den einmalig gemeinten Fastenpredigten wurde ein dauernder, durch 40 Jahre treu und beharrlich durchgehaltener Predigtauftrag, allsonntäglich zweimal erfüllt. Und aus ihm ging eine Seelsorgetätigkeit von schlechthin stupendem Ausmaß hervor. Es bildete sich eine dreifache Otto-Karrer-Gemeinde in konzentrischen Kreisen: die personalsichtbare der Predigthörer; die unsichtbar-weitgestreute der Leser seiner Schriften, und die intensiv betreute einer bald kaum mehr zu bewältigenden Seelsorge und Korrespondenz. Otto Karrer hatte eine unvergleichliche Gabe und Vollmacht, durch sein Wort und seinen Geist die Herzen aufzuschließen, zu hören, zu verstehen, Rat und Hilfe zu erteilen, Menschen zum lebendigen Herrn hinzuführen und zugleich in die verantwortliche Denkbewegung der modernen Zeit zu versetzen. Und als bald die Gefahren dieser Zeit überdeutlich am Horizont sich abzeichneten, bekam sein Wort einen ernsten, mahnenden Klang. Dies ist die zweite heute vergessene Episode, die ich miterlebt habe: seine mutige Rede an der Hindenburg-Gedächtnisfeier im hiesigen Kongresshaus, da er, damals noch deutscher Reichsbürger, kühn und hochgemut vor der alle Humanität und alle Christlichkeit in einen Abgrund verschlingenden Barbarei eines neuen Nationalismus warnte. Mit dem vollmächtigen Wort aber verband sich die aktive Hilfsbereitschaft gegenüber so vielen bedrohten und verfolgten Landsleuten, für die er das Sammeln materieller Mittel wie den Bittgang zu den Behörden nie scheute. In der «Deutschen Nothilfe» fand das nach dem Kriege noch jahrelang seinen Fortgang. Dass dieses reiche, scheinbar ganz an die Person gebundene, in Wirklichkeit ganz auf die Sache des Herrn Christus ausgerichtete Wirken nicht ohne Anfechtung blieb, sei hier nicht verschwiegen. Die einen sahen in ihm fast den Verderber der Kirche und des katholischen Glaubens alten Stils, die andern einen gefährlichen Proselytenmacher. Nie aber hörte ich ein bitteres Wort über Misstrauen und Eifersucht von seinen Lippen, und über Kränkung ging er mit seinem unnachahmlich liebenswürdigen Lächeln hinweg – sie war für ihn der notwendige, vom Herrn geschickte Pfahl im Fleisch, der den apostolischen Eifer gleichzeitig zügelte und anspornte. Der Dienst des Predigers Otto Karrer war publik und hatte weithin sichtbaren, aufsehenerregenden Erfolg. Der Dienst des Seelsorgers und Beichtvaters blieb verborgen, war aber wohl im Licht der Ewigkeit betrachtet die schönste Frucht seines Wirkens.

Ökumenische Wegbereitung

Wie aber wurde Otto Karrer zum Wegbereiter des ökumenischen Gedankens und Handelns? Auch hier verschlingen sich die Motive aus der Theologie und der Seelsorge. Schon in jener ersten Fastenpredigt hat für Ohren, die zu hören wussten, das ökumenische Thema vernehmlich durchgeklungen. «Die Hände sind zwar Esaus Hände, die Stimme aber ist Jakobs Stimme» – das war, ich erinnere mich genau, der Text jener Predigt über die Draußenstehenden und die Drinstehenden, die sich dialektisch ergänzen, wobei das Innen und Außen sowohl die Grenzen zwischen den Konfessionen wie diejenige zwischen Kirche und Welt bedeutete. Eine Weite des Denkens und der Gesinnung, des Herzens war ihm von Natur aus eigen und sträubte sich gegen die Härte unserer Grenzziehungen, die Menschenwerk und Selbstgerechtigkeit sind. Wenn ich es recht sehe, so war es praktisch vor allem die intensive Seelsorge an der vom damaligen kanonischen Recht erzeugten Not der Mischehen, die ihn schwer belastete und konsequent, ohne jeden Anflug von Sentimentalität und bequemem Kompromiss, auf den Weg des Ökumenikers führte. Die Aufgabe des Seelsorgers aber war begleitet vom streng theologischen Denken. Schon längst hatte Otto Karrer unsere gängigen Scheidungen und Alternativen, unsere Kampfparolen – Schrift oder Tradition, «geistige» oder «reale» Gegenwart Christi im Abendmahl, Glaube oder Werke, Souveränität Gottes oder Mitwirkung des Menschen im Prozess der Gnade, inneres Zeugnis des Heiligen Geistes oder äußeres Amt der Kirche – als fragwürdig und vor dem Zeugnis der Heiligen Schrift unhaltbar durchschaut. Von dieser inneren Gewissheit bis zum äußeren Bemühen, an der Schleifung der konfessionalistischen Bastionen mitzuwirken, war aber noch ein weiter Weg. Durch intensives Studium auf exegetischem, fundamentaltheologischem und historischem Gebiet weitete sich das Koordinatensystem der Kirche großartig, ließ viel mehr Möglichkeiten Raum, ließ zugleich die Gefahr eines bloßen ökumenischen Opportunismus oder der spiritualistischen Schwärmerei sichtbar werden und überwinden. Theologie, Theologie, nicht etwa Abstreifen der Theologie als eines unbequemen Hemmschuhs: Das ist der einzige Weg auf dem Suchen nach echter Einheit in Christus. Im biblischen Bereich erkannte er, dass von der Schrift her ein ganz anderes, solideres

Fundament der Einheit sichtbar wird als in Kirchenrecht und Dogmatik, den vermeintlichen Garanten wahrer Einheit der Kirche. Im
dogmatischen Bereich lernte er einsehen, dass beim Denkprozess
zunächst wohl Differenzen zum Vorschein kamen, die den Charakter von unverträglichen Gegensätzen haben und zur Verhärtung
führen müssen. Er glaubte aber, dass, vom Heiligen Geist her gesehen, diese Differenzen niemals letztgültigen Charakter haben können, dass die gemeinsame und eine Wahrheit hinter ihnen beharrlich gesucht werden müsse. Und im historischen Bereich wurde es
ihm nur zu deutlich bewusst, dass das dunkle Mysterium der Spaltung im 16. Jahrhundert viel stärker nicht nur von geistlich-glaubensmäßigen Faktoren, sondern oft von kirchenpolitischen und
weltpolitischen Mächten bedingt und begleitet war. All den Versuchen, den Durchbruch solcher neuen Erkenntnisse aufzuhalten,
begegnete er in einer Fülle von Schriften mit einer wunderbaren
Irenik und Bestimmtheit. Und schon verhältnismäßig früh, zu
Beginn der fünfziger Jahre, konzentrierte und formulierte sich dieses neue Denken in einem eigentlichen Programm ökumenischer
Theologie, das Karrer so formulierte: Es sei die historische Aufgabe unserer Generation, «eine auf sachlicher Erkenntnis und
Würdigung der beidseitigen Positionen beruhende theologische
Anschauung zu erarbeiten, welche die in der Trennung bewahrten, in der konfessionellen Polemik jedoch verdeckten Elemente
der kirchlichen Einheit ins Bewusstsein hebt und sie ebenso ernst
zu nehmen gewillt ist wie die tatsächlichen Gegensätze, um in redlicher Bemühung um ‹Vollendung in der Einheit› die historischen
und noch in der Gegenwart lebendigen Gegensätze einer gewissenhaften Prüfung zu unterziehen»[2] Damit war beidem der Kampf
angesagt: einem Konfessionalismus, der im Starrkrampf verharrte
und renitent, womöglich verbunden mit kirchlichem Imperialismus, nur am Verweis auf die Unvereinbarkeit der Standpunkte

2 *Karrer, Otto:* Um die Einheit der Christen. Die Petrusfrage. Ein Gespräch
   mit Emil Brunner, Oskar Cullmann, Hans von Campenhausen Frankfurt a. M.: Knecht, 1953, 19.

seine Lust auslebte wie einem überkonfessionellen ökumenischen Neutralismus, der unter Preisgabe des aufrichtigen Wahrheitsringens alle Standpunkte zu harmonisieren trachtet und zuletzt im Relativismus und Synkretismus landet.

Der eigene Weg

Ich verrate kein Geheimnis, wenn ich sage, dass Otto Karrer diese zweite Gefahr in der im Weltrat der Kirchen seit Amsterdam 1948 sich formierenden und institutionalisierenden ökumenischen Bewegungen sich abzeichnen sah. Diese Bewegung war ja, wiewohl von hochgemuten Pionieren wie Soederblom und Gardiner, Brent und Köchlin, Wilfrid Monod und William Temple getragen und inspiriert, zunächst mehr eine protestantische Sammelbewegung mit verborgen antikatholischer Tendenz, mit für seinen Geschmack oft zu spektakulärem Gehaben und kirchenpolitischer Diplomatie verbunden. Zugleich wusste er unbeirrbar und wurde nicht müde, es zu sagen: Eine Ökumene ohne Rom ist keine Ökumene, und Rom ohne die Gemeinschaft mit den übrigen Kirchen und Christen, die ja keine personhafte Schuld an der Spaltung tragen, sondern in ihre Not hineingeboren wurden, ist auf die Dauer und in Wahrheit keine katholische Kirche. So musste er beharrlich-behutsam seinen eigenen Weg gehen, den Weg der Vertiefung, der Klärung, des Abbaues falscher Positionen. Die bäuerliche Hartnäckigkeit, die Schule differenzierten jesuitischen Denkens und die tiefe Gläubigkeit des Christen ergaben eine wundervolle Symbiose der Kraft für diesen Weg. Zunächst galt es, die wahrhaft Suchenden, Erkennenden, Hoffenden hüben und drüben zu sammeln, zu ermutigen, den Dialog zu führen, der nicht mehr nur vergleichenden oder heimlich überredenden Charakter hatte, sondern die gemeinsame Lösung von heutigen Problemen «auf Grund der gemeinsamen Forderungen des einen Herrn und auf Grund des gemeinsamen Kriteriums der in Christus erfolgten Epiphanie und in der Schrift und im steten Fortwirken des Geistes durch alle historischen Irrtümer hindurch sich bezeugenden Wahrheit» anstrebt (so formuliert es einmal, ganz im Geiste Otto Karrers, Heinrich Stirnimann). Diese Sammlung und Vertiefung erfolgte zunächst in unzähligen Aufsätzen und Vorträgen, Kursen und Aussprachen in kleinen Kreisen, in der sorgfältigen und unbefangenen Aufnahme theologischer Gespräche, in der Pflege von Freundschaften, in größeren Publikationen, die sich in der Mitte der fünfziger Jahre Schlag auf Schlag folgten und damals noch wenig mit öffentlichen Sympathien, viel aber mit Misstrauen und Argwohn, Behinderung und Verdächtigung zu rechnen hatten. Theologische Forschung und kirchliche Praxis gingen konstant Hand in Hand, der unermüdliche Wanderprediger und der stille Forscher und Schreiber in der Studierstube vertauschten fortwährend die Rollen. Jede neue Publikation brachte neue Anregung und Auseinandersetzung. Ich erinnere nur an die Arbeiten über das Petrusamt und die Mariologie in den fünfziger Jahren. – Wenn ich aus diesem unablässigen Wirken zwei Episoden näher erwähne, so darum, weil ich sie aus der allernächsten Nähe miterlebt und dabei mit ihm zusammengewirkt habe. Es war noch längst vor dem Konzil, als ich ihm 1958 den Vorschlag machte, in einer gemeinsamen Vorlesung der Volkshochschule des Kantons Zürich wechselseitig das Thema zu wagen: «Die katholische Kirche in der Sicht des Protestanten – Die evangelische Kirche in der Sicht des Katholiken.» Sie wurde ein spontaner Erfolg. Ein gespannt lauschendes, bis auf den letzten Platz besetztes Auditorium maximum der ETH folgte während zwei Semestern wöchentlich zwei Stunden unserem Versuch gegenseitigen Verstehens, das – dem eigenen Glaubensverständnis treu und aus seinem Zentrum heraus denkend – ganz in das Wesen, Denken, Fühlen, innere Leben und Strukturieren des Andern einzudringen versuchte. Damals wie kaum je habe ich erlebt, welche Gabe der subtilen Einfühlung in andere Denkart Otto Karrer mit der Treue und der innersten Loyalität zum eigenen Glauben und zur katholischen Kirche zu verbinden vermochte. Es war nicht die unverbindliche Betrachtung des Religionswissenschaftlers, sondern die existenzielle Kraft, die Einheit und Verbundenheit durch alle Krusten der

Tradition und Kontroverse herauszuspüren und dem Reichtum der ökumenischen Gaben nachzuspüren. – Die andere Gelegenheit ergab sich bald später. Nach jenen Kursen kam Otto Karrer in meine Studierstube mit dem Vorschlag: Wir müssen etwas machen. Es ist so viel aufgebrochen in den Herzen. Aber das ökumenische Anliegen droht, hineingenommen zu werden in die Wellen der Emotion, der Illusion, gar der Sentimentalität und der Brutwärme geschlossener Kreise, die ständig sich selbst bestätigen. Und wir kamen zum Entschluss, jene Veranstaltungen zu wagen, die als Einsiedler/Zürcher Ökumenische Tagungen für Akademiker seit 1961 bekannt geworden sind. Mit einem innerlich engagierten und intellektuell befähigten Gesprächskreis sollten bestimmte zentrale Fragen des Glaubens in der heutigen Welt nicht nur diskutiert und zerredet, sondern bis zu jener Klärung geführt werden, da auf einmal die innere Nähe der Standpunkte durch alle Schwierigkeiten verschiedener Terminologie und historischer Entwicklung so sichtbar wird, dass das Trennende zwar nicht einfach gegenstandslos wird, aber so viel an Gewicht verliert, dass bei aller Redlichkeit in der Darlegung der Verschiedenheit und bei allem schmerzlichen Erkennen der uns bestimmten Grenzen eine Atmosphäre der Brüderlichkeit und des Verstehens entsteht, die Missverständnis und Gegnerschaft ausschließt.

Der Durchbruch

Gewiss, der eigentliche Durchbruch kam erst einige Zeit später, in der Gestalt Johannes' XXIII. und auf dem Konzil. Er kam für ihn in dieser Wucht selbst überraschend, obschon er längst um den Immobilismus der katholischen Kirche gebangt, ihr Verhältnis zur ganzen Welt der Moderne und deren Problemen und Nöten von der Gefahr einer zunehmenden Isolierung einer in sich geschlossenen, immer noch imposanten, doch trügerischen Kirchlichkeit und damit Sterilität überschattet sah. Zugleich wusste er, dass dieses Konzil, das er in jeder Phase zuinnerst miterlebte und für das er betete, nicht ein Abschluss, die Erfüllung seiner Hoffnungen, sondern erst ein Anfang sei, den gegen neue Vorsicht, Ängstlichkeit, Hemmung und eigentliche Reaktion es abzuschirmen und weiterzuführen gelte. Der Augenblick, da ich ihm – ich war damals für einige Zeit als Gast von Kardinal Bea auf dem Konzil – im Herbst 1964 in der Aula von St. Peter plötzlich begegnete und er mich glücklich in die Arme schloss, gehört zu den bewegenden Momenten in meinem Leben. «Nun ist die Bresche geschlagen» – so rief er mir zu – «siehst du, auch diese ganze Pracht» – und mit weiter Gebärde wies er, ich weiß nicht, ob auf die Kolossalität St. Peters oder die mächtige Versammlung tausender Bischöfe hin – «hat dem Wehen des Geistes keinen Eintrag tun können!» Er hätte jetzt stolz auf seine geduldige Vorarbeit oder auf sein endliches Gerechtfertigtsein pochen können. Aber wir wissen, wie fern ihm solcher Stolz lag, wie er vielmehr gerade in jenem Augenblick so gar nicht triumphierte, sondern demütig, nicht nur der Spuren beginnenden Alters wegen, in den Hintergrund trat und das Werk weitgehend einer jüngeren Generation überließ, oft sogar jenen, die ihn früher beargwöhnt hatten und jetzt das ökumenische Anliegen auf einmal zu ihrem Zugpferd zu machen begannen. Mit liebevoller Aufmerksamkeit, nicht mehr so aktiv wie früher, aber nicht weniger engagiert, verfolgte er alles, was nun auf einmal an Begegnungen und Gemeinsamkeiten, an Kundgebungen und Aktionen, an theologischer Zusammenarbeit derer, die plötzlich erkannten, dass einer nicht mehr ohne den andern sich denken lässt und dass beide sich viel zu geben haben, an Sozialethik und Caritas möglich war, wovon man noch vor 20 Jahren nicht träumte. Ein johanneisches Lächeln «Jener muss wachsen, ich aber muss abnehmen!» spielte um seine Lippen.

Der treue Mahner

Um zwei brennende Sorgen drehte sich sein Denken und Glauben in dieser letzten Periode seines Wirkens: erstens um die Bemühung, dass das ökumenische Anliegen nicht von einer Flut von Emotion und Opportunismus gefährdet und verschlungen werde, die unweigerlich der Ernüchterung und Verflachung zutreiben würde. Das Remedium war abermals und eindeutig, neben der Kraft des Gebets und des Arbeitens im Kleinen, die Theologie: biblische Theologie auf der ganzen Linie, dazu auch neues Studium der Kirchenväter (noch bis in die letzten Monate hinein arbeitete er, auch wenn ihn die Kräfte verlassen hatten, an einer Übersetzung des großen Gregor von Nazianz). Nur so könne das Banner durch eine sicher kommende Durststrecke der Ermattung, Stagnation und des Wiedererwachens restaurativer Kräfte hindurchgetragen werden, wenn schon er den vollzogenen Schritt als grundsätzlich irreversibel betrachtete. Allein eine saubere Theologie mache auf die Dauer fähig, von der erreichten Etappe den weiteren Weg zu suchen. – Das andere jedoch war eine viel gefährlichere Flut, die er hinter diesem ökumenischen Wellenwechsel aufsteigen sah: die dunkle Flut eines Denkens und Handelns, das alles Christliche zu verschlingen droht, das mit Atheismus nur schwach bezeichnet ist, das hüben und drüben, im Osten wie im Westen den Menschen in den Traum einer machbaren, von Gott verlassenen, Gott absagenden, alte Tabus höhnisch brechenden und nur ihren eigenen Gesetzen von Lust und Gier und Macht verfallen lässt. Dass dieser Flut gegenüber nicht lediglich ein taktisches Zusammengehen aller Christen als bare Notwendigkeit der Selbsterhaltung geboten sei, dass eine gläubige missionarische Liebe sie vielmehr alle einige, wurde sein prophetisches Mahnwort. Ja, zuweilen sah er, nicht in Alterspessimismus (den kannte er nie, so wenig wie den leichtfertigen Optimismus), sondern in nüchterner Beobachtung des Weltlaufes und der Kirchengeschichte, die Möglichkeit eines Antichristentums, das überhaupt die historische Gestalt unserer Kirchen weitgehend zerschlagen könnte, worauf dann die Läuterung und Sammlung des Restes der wahrhaft Gläubigen und damit die Vollendung in der Einheit gar kein so großes Problem mehr sein werde. Die eschatologische Reichsgemeinde wurde nunmehr Gegenstand seines Hoffens und Betens.

Vermächtnis an uns

Otto Karrers Lebenswerk ist abgeschlossen. Er hat durch sein überlegenes Wirken dem ökumenischen Denken, Gespräch und Handeln vorab in unserem Lande mächtige Impulse gegeben. Er ist aufgenommen in die Wolke der Zeugen, die anspornend und ermutigend auf unser heutiges Geschlecht herabblicken. Seine Gestalt ist unvergessen bei denen, die einst gespannt seinem Worte lauschten. Wo aber stehen wir heute? Und was sind sein Vermächtnis und seine Mahnung an uns? Das ist die Frage, die uns zusammengeführt hat. Unsere Aufgabe besteht zunächst darin, im Geiste Karrers der Forschung und der Praxis in der Ökumene neue Wege zu weisen – die Wege, die latent und offen in Otto Karrers Wirken schon aufgezeigt sind. Im Laufe der letzten 10 bis 20 Jahre ist es in allen Ländern, in denen evangelische und römisch-katholische Christen zusammenleben, zu einer Fülle von Kontakten und zu regem Austausch gekommen. Die beidseitige Bereitschaft zur ökumenischen Zusammenarbeit hat nicht nur dazu geführt, die bisherige Isolation der beiden Kirchen zu überwinden, durch häufige Begegnungen auf den verschiedensten Ebenen sich besser kennen und verstehen zu lernen, anstelle der herkömmlichen Betonung des uns Trennenden nun eifrig nach dem Gemeinsamen zu suchen. Es setzte vor allem die theologische Bemühung ein, um die seit der Reformation umstrittenen Fragen neu in Angriff zu nehmen und in einem ganz neuen Licht zu betrachten, zu sehen, ob durch neue Besinnung und neue Methoden, vor allem auch durch echt wissenschaftliche Methoden, alte Probleme überwunden oder doch wenigstens in vielem ein vorläufiger Teilkonsens erzielt werden könne. Von selbst müsse es dadurch zu einem tiefgreifenden Wandel in der konfessionellen Situation kommen. – Sicher ist das nicht nur die Frucht von Otto Karrers Wirken. Er darf als einer der Väter der Ökumene in unserem Lande bezeichnet werden. Er selbst aber wusste nur zu gut, dass das Erreichte nur durch die gläubige Offenheit und den Eifer vieler Herzen gewonnen werden konnte und erhalten werden kann. Mit solchem Teilkonsens und eifrigen Dialog dürfen wir uns jedoch nicht zufriedengeben, wenn wir seine Stimme hörten, die ja nur Sprachrohr der Stimme unseres Herrn ist. Er schätzte die Theologie, die, ernsthaft betrieben, zu einem tieferen Verständnis des christlichen Glaubens und unseres christlichen Lebens führen müsse. Er wusste aber auch, dass echte Theologie ein Abenteuer ist, ein Abenteuer voller Freude, Schmerz, Geduld, Enttäuschung, das uns immer weiterführt, oft dorthin führt, wohin wir nicht wollten. Darum ist es unser erstes Anliegen der Treue zu seinem Vermächtnis, dass wir uns hüten vor einem Ökumenismus, der es sich bequem macht, der im Pragmatismus verflacht, dem das geistige und geistliche Leben fehlt. Ihm zu steuern mit einem Ökumenismus des Geistes und der Liebe, der immer neuen Bemühung und der heiligen, nicht fleischlichen Ungeduld, das muss Aufgabe einer zu gründenden Otto-Karrer-Gesellschaft sein, wenn wir seinem Vermächtnis treu bleiben und nicht bloß Hagiografie treiben wollen.

Hätte er das Selbstbewusstsein eines Apostels Paulus, so würde er uns ermutigend und mahnend zurufen:

«Ich, nach Gottes Gnade, die mir gegeben ist, habe den Grund gelegt als ein weiser Baumeister. Ein anderer baut darauf. Ein jeglicher sehe zu, wie er darauf baue. Aber einen anderen Grund kann niemand legen außer dem, der gelegt ist, welcher ist Jesus Christus» (1 Korinther 3,10).

«Habe die Leidenschaft für die Einheit des Leibes Christi»

Der Weg der Gemeinschaft, wie er in Taizé eingeschlagen wurde[1]

Der Christus der Gemeinschaft

Hätte man Frère Roger gefragt, wo das Wesentliche des christlichen Glaubens liegt, hätte er vielleicht Bezug auf seine Mutter genommen. Sie sagte, dass ihr das Johanneswort «Gott ist die Liebe» (1 Johannes 4,16) vollauf genüge. Auch für ihn lag darin das Herz des Evangeliums. Das Verständnis Gottes als strenger Richter hatte im Gewissen vieler Menschen Verheerungen angerichtet. Frère Roger behauptete das Gegenteil: Gott kann nur lieben.

Gelegentlich sagte er zu den in Taizé versammelten Jugendlichen: «Wäre Christus nicht auferstanden, wären wir nicht hier.» Die Auferstehung ist das Zeichen dafür, dass Gott grenzenlos liebt, sie bildet die Mitte des Glaubens. Sie hat die Jünger, die sich am Karfreitag zerstreut hatten, wieder versammelt und sie versammelt weiterhin die Christen: Ihre erste Frucht liegt in der neuen Gemeinschaft, die aus ihrem Geheimnis hervorging.

Herzstück unseres Glaubens ist Christus, der Auferstandene, der mitten unter uns gegenwärtig, persönlich in Liebe mit uns verbunden ist und der uns vereint. Frère Roger nannte ihn «den Christus der Gemeinschaft». In seinem letzten Buch, das wenige Wochen vor seinem Tod erschien, schrieb Frère Roger:

---

1 Frère Alois hielt sein Referat am 17. März 2011 im Rahmen der Otto-Karrer-Vorlesung in der Jesuitenkirche Luzern.

«Könnten wir uns stets daran erinnern, dass Christus Gemeinschaft ist ... Er ist nicht auf die Erde gekommen, um eine weitere
Religion zu stiften, sondern allen Menschen eine Gemeinschaft
in Gott anzukündigen. [...] ‹Gemeinschaft› ist einer der schöns-
ten Namen der Kirche.»[2]

50 Jahre zuvor hatte Frère Roger in der Regel von Taizé jeden Bruder aufgerufen: «Habe die Leidenschaft für die Einheit des Leibes
Christi.» Ich möchte heute Abend darlegen, was uns in Taizé dazu
geführt hat, diese Leidenschaft für die Gemeinschaft zu leben,
diese «Leidenschaft für die Einheit des Leibes Christi». Und zu
allererst, was bedeutet «Leib Christi»? Und warum ist Versöhnung
im Leib Christi so wichtig?

Otto Karrer

Bevor ich auf diese Fragen eingehe, möchte ich sagen, wie sehr ich
mich freue, hier in Luzern zu sein. Ich habe gewiss keine Berufung,
Vorträge zu halten. Als ich Professor Müllers Einladung erhielt,
habe ich zunächst gezögert, sie anzunehmen. Aber die Sympathie
für die Christen in der Schweiz und die sehr lange zurückreichen-
den Beziehungen, die unsere Communauté mit Ihrem Land verbinden, haben mich bewogen, sie anzunehmen.

Die Gelegenheit, im Rahmen der «Otto-Karrer-Vorlesungen»
zu sprechen, ist auch ein Anlass zu sagen, dass wir in Taizé für jene
Generation von Theologen tiefe Dankbarkeit empfinden, die, wie
Otto Karrer, Risiken eingegangen sind, um einen Frühling der Kir-
che vorzubereiten, einen Frühling der Beziehungen unter allen
Getauften.

Die Ausdauer, mit der Otto Karrer seinen nicht einfachen Weg
gegangen ist, beeindruckt mich sehr. Auch sein Engagement für

---

2   *Frère Roger:* Pressens-tu bonheur? Taizé: Les Presses de Taizé, 2005. Zitiert
    wird aus der deutschen Übersetzung: *Frère Roger:* Eine Ahnung von Glück.
    Erfahrungen und Begegnungen. Freiburg i. Br.: Herder, 2006, 79.82.

die Flüchtlinge während des Zweiten Weltkriegs geht mir nahe. Zur selben Zeit begann Frère Roger unsere Communauté ins Leben zu rufen, und auch er beherbergte und versteckte in Taizé Flüchtlinge, insbesondere Juden.

Und erst vor wenigen Tagen erfuhr ich, dass Otto Karrer während des Zweiten Vatikanischen Konzils, an dem Frère Roger als Beobachter teilnahm, unsere Brüder besucht hatte, die damals in Rom lebten.

Danke, lieber Professor Müller, dass Sie mich hierher eingeladen haben, und danke dafür, dass Sie es auch akzeptiert haben, dass dieser Vortrag nachher in ein gemeinsames Gebet mündet, das, besser als Worte allein, zum Ausdruck bringt, was unsere Communauté von Taizé lebt.

Die Versöhnung im Leib Christi

Ich gehe nun darauf ein, was die Versöhnung im Leib Christi bedeutet. In den Briefen, die Paulus an verschiedene Gemeinden seiner Zeit richtet, verwendet er den Ausdruck «Leib Christi», um zu versuchen, ihnen das Geheimnis der Einheit zwischen Christus und den Christen und das Geheimnis der Einheit der Christen untereinander begreiflich zu machen. «Ihr seid der Leib Christi, und jeder einzelne ist ein Glied an ihm» (1 Korinther 12,27).

«Wir sind zwar mehrere», sagt er ebenfalls im Brief an die Römer, «bilden aber in Christus einen einzigen Leib. Als einzelne sind wir Glieder, die zueinander gehören» (Römer 12,5). Nachdem wir einen einzigen Leib in Christus bilden, gehören wir einander an. «Ist Christus zerteilt?» (1 Korinther 1,13), fragt Paulus, dem es Sorgen bereitet, dass die Christen ein und derselben Gemeinde sich voneinander trennen. Und er ruft sie dazu auf, sich zu versöhnen.

Sein Wort bleibt vollkommen aktuell: Ihr seid der Leib Christi, verliert also nicht so viel Energie im Widerstreit, manchmal mitten in euren Kirchen.

Gemeinschaft als empfangene Gabe

Das Leben Frère Rogers und unserer Communauté haben als Leitmotiv die Worte Jesu Christi: «Alle sollen eins sein: Wie du, Vater, in mir bist und ich in dir bin, sollen auch sie in uns sein, damit die Welt glaubt, dass du mich gesandt hast» (Johannes 17,21).

Oft wurden diese Worte «alle sollen eins sein» als eine in die Tat umzusetzende Forderung interpretiert. Sie bringen jedoch zunächst die Gabe zum Ausdruck, die Christus der Menschheit gemacht hat: Er trägt uns in sich, er lässt uns mit ihm in die Gemeinschaft der Dreifaltigkeit eingehen, er macht uns zu «Teilhabern der göttlichen Natur» (2 Petrus 1,4). Er betet nicht nur darum, dass alle eins seien, sondern dass sie «in uns» eins seien.

Diese Gemeinschaft in Gott ist ein Austausch. Indem Gott Mensch wird, entscheidet sich er dafür, sich mit der menschlichen Zerbrechlichkeit zu bekleiden. Er kommt und bewohnt unsere Zerrissenheit und unsere Leiden. Christus sucht uns an der tiefsten Stelle auf, er macht sich zu einem von uns, um uns seine Hand zu reichen. Gott nimmt unser Menschsein in sich auf und vermittelt uns im Gegenzug den Heiligen Geist, sein eigenes Leben. Die Jungfrau Maria ist für immer Garantin dafür, dass dieser Austausch real ist, sie bestärkt uns in der Hoffnung, dass er zum Leben der Menschheit in Gott führen wird. Wir können der orthodoxen Theologie unendlich dankbar dafür sein, dass sie dies auf so tiefe Art und Weise herausstellt.

Und wir begreifen dann besser, dass die Versöhnung nicht eine Dimension des Evangeliums unter anderen ist, sie ist sein Herzstück. Sie fällt mit dem zusammen, was die Mitte unseres Lebens als Getaufte ausmacht: Sie ist die Wiederherstellung gegenseitigen Vertrauens zwischen Gott und den Menschen durch Christus, Anfang einer neuen Schöpfung. Und dies verwandelt die Beziehungen zwischen den Menschen. Christus bittet darum, dass «alle» eins seien. Diese Gabe ist nicht einigen wenigen Menschen vorbehalten, sie ist allen angeboten, die den Namen Christi tragen, und darüber hinaus allen Menschen zugedacht. Die Menschen, die

Gott mit sich versöhnt, sendet er in die Welt. Gott ließ uns in Gemeinschaft mit ihm eintreten, und diese Gemeinschaft prägt unseren Umgang mit den anderen. Christus macht alle Getauften zu Botschaftern der Versöhnung in der Welt.

Wir sind der Leib Christi – nicht um uns zusammen wohlzufühlen und auf uns selbst zurückzuziehen, sondern um auf die anderen zuzugehen. Der menschliche Leib hat die Berufung, dem Menschen nach außen hin Ausdruck zu geben. In derselben Weise ist es Berufung des Leibes Christi, zum Ausdruck zu bringen, dass Christus die ganze Menschheit versöhnen will.

Warum ist die Versöhnung der Christen in den Augen des Apostels Paulus so wichtig? Sie ist es nicht, weil sie es ermöglichte, gemeinsam stärker zu sein. Nein, sie ist es aus einem tieferen, fundamentaleren Grund. Paulus erläutert das, wenn er schreibt, dass Christus gekommen ist, um «alles auf der Erde und im Himmel zu versöhnen» (Kolosser 1,20). In dieser umfassenderen, durch Christus vollzogenen Versöhnung liegt die Quelle jeder anderen Versöhnung.

Zur Erlösung gehört die Gabe der Einheit: Einheit des Menschen mit Gott, innere Einheit als Heilung jeder Person, Einheit der ganzen Menschenfamilie und der ganzen Schöpfung. Wir können die Einheit mit Gott nicht empfangen, ohne die Einheit unter allen Menschen zu empfangen. Die Kirche gibt es, damit sie dafür sichtbares Zeichen, Sakrament ist. Das Zweite Vatikanische Konzil formulierte dies in «Lumen Gentium» Nr. 1 mit unmissverständlichen Worten:

> «Die Kirche ist ja in Christus gleichsam das Sakrament, das heißt Zeichen und Werkzeug für die innigste Vereinigung mit Gott wie für die Einheit der ganzen Menschheit.»

Diese Sicht der Erlösung als Gabe der Einheit ist auf die Schrift gegründet, auf die johanneischen Schriften wie auf die Paulusbriefe. Irenäus von Lyon hat diesen Gedankengang vortrefflich weiterentwickelt.

Ökumene und die Gemeinschaft in Gott

Wenn die Gemeinschaft eine Gabe Gottes ist, kann die Ökumene nicht zu allererst menschliches Bemühen um Harmonisierung verschiedener Traditionen sein. Sie muss uns in die Wahrheit der Erlösung Christi stellen, der gebetet hat: «Ich will, dass sie dort bei mir sind, wo ich bin» (Johannes 17,24). Der Apostel Paulus sagte es so: «Unser Leben ist zusammen mit Christus verborgen in Gott» (Kolosser 3,3).

Zunächst gilt es sich in der Ökumene darum zu bemühen, die Gemeinschaft mit Gott zu leben, in Christus, durch den Heiligen Geist. Der Westschweizer Theologe Maurice Zundel hat auf bewundernswerte Weise erläutert, wie «in mystischer Vereinigung mit Christus die Ökumene ihre Vollendung finden kann», andernfalls ist «Ökumene nicht mehr als Geschwätz».

Es stimmt, dass die Kirchen und kirchlichen Gemeinschaften manchmal unterschiedliche Wege zur Verwirklichung dieser Gemeinschaft mit Christus weisen. Je tiefer jedoch die Zugehörigkeit eines jeden zu Christus ist, desto mehr stellt sich ein angemessener Blick auf die anderen ein: Sie werden als Schwestern und Brüder gesehen. Man muss sogar noch weitergehen: In den anderen Schwestern und Brüder zu erkennen ist das Zeichen authentischer Zugehörigkeit zu Christus.

Dorotheos von Gaza beschrieb dies im sechsten Jahrhundert mit einem Bild: Wenn Gott die Mitte eines Kreises bildet, nähern sich die Strahlen in dem Maße einander, wie sie sich der Mitte nähern. Diese Sicht der Gemeinschaft erfordert eine Läuterung unserer Art und Weise zu glauben, eine immer wieder neu vollzogene «Umkehr» in einer «Ecclesia semper reformanda».

Eines der Dokumente der Groupe des Dombes leistet eine solide Grundlegung dieser Sichtweise, indem es dazu aufruft, der christlichen Identität aufgrund der Taufe den Vorrang gegenüber der konfessionellen Identität einzuräumen. Dieses Dokument legt dar, dass zur Definition der christlichen Identität heute in allen Kirchen der konfessionellen Identität der erste Platz eingeräumt wird. Man definiert sich zunächst als katholisch, evangelisch oder orthodox. Die Theologen der Groupe des Dombes zeigen auf, dass eigentlich die von der Taufe herrührende Identität erstrangig sein müsste; alle Christen müssten sich zunächst als Getaufte definieren. Das Dokument appelliert an die Kirchen, sich auf eine «Dynamik der Umkehr» einzulassen.

Versöhnung, ein Austausch von Gaben

Man hat manchmal den Eindruck, dass sich die Christen im Lauf der Jahrhunderte daran gewöhnt haben, in zahlreiche Konfessionen getrennt zu sein, so als wäre dies der Normalzustand. Frère Roger zeigte uns Brüdern auf, dass es zur Vorbereitung einer Versöhnung das Beste in den verschiedenen Traditionen hervorzuheben gilt. Dann kann sich ein Austausch von Gaben vollziehen: teilen, was wir in unserer eigenen Tradition von Gott empfangen haben, und auch die Gaben sehen, die Gott den anderen gegeben hat. Wie könnten die Christen, ohne auf diese Weise die Gaben des Heiligen Geistes zusammenzulegen, Zeugen der Einheit und des Friedens in der Menschenfamilie sein? Austausch von Gaben ist ein Ausdruck, der viele Male von Papst Johannes Paul II. verwendet wurde.

Ein Austausch von Gaben hat begonnen. Bei gemeinsamen Gebeten und persönlichen Begegnungen wurde die gegenseitige Wertschätzung vertieft. Viele haben begriffen, dass bestimmte Aspekte des Glaubensgeheimnisses durch eine andere Tradition als die eigene besser zur Geltung gebracht wurden. Wie kann man beim Teilen dieser Schätze noch weiter gehen? Um welche Schätze handelt es sich?

Die Christen der Ostkirche haben den Schwerpunkt auf die Auferstehung Christi gelegt, die die Welt bereits verklärt. Konnten nicht gerade deshalb in den letzten Jahrhunderten viele von ihnen Jahrzehnte des Leidens durchstehen? Die Ostkirche hat in großer Treue an der Lehre der Kirchenväter festgehalten. Das Mönchtum, das sie der Westkirche geschenkt hat, hat in die ganze Kirche ein

Leben in Kontemplation eingebracht. Könnten sich die Christen der Westkirche diesen Schätzen noch weiter öffnen?

Die Christen der Reformation haben bestimmte Wirklichkeiten des Evangeliums unterstrichen: Gott schenkt seine Liebe ohne Vorleistung; er kommt durch sein Wort und begegnet jedem Menschen, der auf es hört und es in die Tat umsetzt; allein schon das Vertrauen des Glaubens führt zur Freiheit der Kinder Gottes, in die Unmittelbarkeit eines Lebens mit Gott im Heute; der gemeinsame Gesang verinnerlicht das Wort Gottes. Sind diese Werte, an denen die Christen der Reformation hängen, nicht für alle wesentlich?

Die katholische Kirche hat durch die Geschichte hindurch die Universalität der Gemeinschaft in Christus sichtbar bewahrt. Ohne Unterlass suchte sie ein Gleichgewicht zwischen der Ortskirche und der Weltkirche. Die eine kann nicht ohne die andere bestehen. Ein Dienstamt der Gemeinschaft auf allen Ebenen half, Einmütigkeit im Glauben zu gewährleisten. Könnten nicht alle Getauften ein wachsendes Verständnis für dieses Dienstamt aufbringen?

Frère Rogers Weg

Nachdem ich etwas über die Grundlagen des Rufs zur Versöhnung im Leib Christi gesagt habe, möchte ich nun konkreter auf den Weg Frère Rogers und unserer Communauté eingehen. Wurde Frère Roger gerade darum von verschiedenen Kirchenverantwortlichen als Bruder anerkannt, der die Gemeinschaft in Christus teilt, weil er seine Vision der Kirche als Gemeinschaft aller Getauften bis zum Schluss konsequent durchgehalten hat?

Fünf Jahre nach seinem Tod schrieb Papst Benedikt XVI.: «Möge uns sein Zeugnis für eine Ökumene der Heiligkeit auf unserem Weg hin zur Einheit inspirieren». Patriarch Bartholomäus von Konstantinopel fügte hinzu:

«Diese Suche nach Einheit, in Freude, Bescheidenheit, Liebe und Wahrheit, in der Beziehung zu den anderen, ‹Sakrament der Geschwisterlichkeit›, wie in der Beziehung zu Gott, ‹Sakrament des Altares›, fasst die Essenz des Ansatzes von Taizé zusammen.»

Und Patriarch Kyrill von Moskau:

«Die Treue zu den Lehren der Kirchenväter, die Frère Roger mit einer kreativen Aktualisierung im missionarischen Dienst unter den Jugendlichen heute verknüpft hat, kennzeichnet den Weg Frère Rogers und der von ihm gegründeten Communauté». Der Generalsekretär des Ökumenischen Rates der Kirchen Olav Fykse-Tveit erinnerte seinerseits daran, dass das, was Frère Roger zu Stande gebracht hat, «die Kirchen in der ganzen Welt inspirierte».

Frère Roger lebte in Christus. Hat gerade dies es ihm ermöglicht, die Gegenwart Christi in den anderen wahrzunehmen? Er ließ sich nicht von Aufspaltungen in verschiedene Tendenzen aufhalten. So waren beispielsweise beim Zweiten Vatikanischen Konzil viele erstaunt, dass er eine ebenso brüderliche Beziehung zu Kardinal Ottaviani wie zu Dom Helder Camara haben konnte. Ich kann hier in Luzern erwähnen, dass Otto Karrer einmal bei Frère Max anfragte, ob es zutreffe, dass die Beziehungen zwischen Taizé und Kardinal Ottaviani dermaßen gut seien. Frère Roger entdeckte Christus bei den Getauften aller Konfessionen. Er betrachtete sogar Frauen und Männer als «Träger Christi», die, ohne einen Glauben ausdrücklich zu bekennen, Zeugen der Nächstenliebe und des Friedens waren: Manche von ihnen, schrieb er, «werden uns im Reich Gottes zuvorkommen».

Während seines gesamten Weges fürchtete Frère Roger niemals, die eigene Identität zu verlieren. Er sah die Identität eines Christen zu allererst in der Gemeinschaft mit Christus, die sich in der Gemeinschaft unter allen entfaltet, die zu Christus gehören. Er tat einen Schritt, der seit der Reformation ohnegleichen war, und konnte schließlich sagen: «Ich fand meine Identität als Christ darin, in mir selbst den Glauben meiner Herkunft mit dem Geheimnis des katholischen Glaubens zu versöhnen, ohne mit irgendjemand die Gemeinschaft abzubrechen.» Und bisweilen konnte er hinzufügen: «... und mit dem orthodoxen Glauben», weil er sich den orthodoxen Kirchen ganz nahe fühlte.

In Gemeinschaft mit den anderen eintreten, ohne Bruch mit der eigenen Herkunft: Da diese Vorgehensweise vollkommen neu war, war es leicht, sie falsch zu interpretieren oder ihre Tragweite nicht zu erfassen.

Die Communauté, ein Gleichnis der Gemeinschaft

In ganz jungen Jahren hatte Frère Roger die Intuition, ein gemeinschaftliches Leben, das Männer führen, die stets versuchten sich zu versöhnen, könne zu einem Zeichen werden: Die erste Berufung von Taizé liegt darin, ein «Gleichnis der Gemeinschaft», wie er es nannte, zu bilden.

Allerdings war das monastische Leben in den Kirchen der Reformation erloschen. Ohne seine Herkunft zu verleugnen, rief er deshalb eine Communauté ins Leben, die ihre Wurzeln, über den Protestantismus hinaus, in die ungeteilte Kirche einsenkte und die sich durch ihr bloßes Dasein in unauflösbarer Weise mit der katholischen und orthodoxen Tradition verband. Er war davon überzeugt, dass eine solche Communauté der Einheit des Leibes Christi, die uns nicht nur als ein Ziel vorausliegt, sondern in Gott bereits besteht, Sichtbarkeit verleihen konnte. Die Kirche ist geteilt, aber in ihrer Tiefe ist sie ungeteilt. Im Herzen Gottes ist sie eins. An uns ist es daher, Orte zu schaffen, an denen diese Einheit hervortreten und greifbar werden kann.

In einem Buch über unsere Communauté schrieb der orthodoxe Theologe Olivier Clément einige Zeilen, die auch uns selbst geholfen haben, unsere Lebensweise besser zu verstehen. Ich zitiere:

«Es gibt eigentlich nur eine einzige Kirche, verborgener Unterbau aller Kirchen, und somit gilt es die Einheit nicht zu bauen, sondern zu entdecken: Zu Tage tritt die ungeteilte Kirche, die heute bei aller identitätsversessenen Verkrampfung zweifellos die entscheidende Erscheinung unserer Zeit ist.»[3]

Dann wendet Olivier Clément diesen Gedanken auf unsere Communauté an und schreibt:

«Darin besteht das Gleichnis von Taizé: daran zu erinnern, dass die zerrissene Kirche eins ist. Die Menschen kreuzigen den Leib Christi, indem sie ihn zu zerreißen versuchen. Und gleichzeitig können sie ihn nicht zerreißen, denn in der Tiefe ist die Kirche eins [...]»[4]

Frère Roger war so tief von der ungeteilten Kirche erfüllt, dass er, in eine Kirche der Reformation hineingeboren, es wollte, dass die Communauté, die er ins Leben rief, die Gemeinschaft mit der katholischen Kirche und mit den orthodoxen Kirchen vorausnimmt.

Mit der orthodoxen Kirche suchte unsere Communauté sehr früh Ausdrucksmöglichkeiten der Gemeinschaft. 1965 entsandte Patriarch Athenagoras Mönche nach Taizé, die mehrere Jahre hindurch das monastische Leben mit uns teilten. Die freundschaftlichen, vertrauensvollen Beziehungen zu den orthodoxen Kirchen haben sich seither vertieft.

Als Ende der Sechzigerjahre die ersten katholischen Brüder in unsere Communauté eingetreten sind, wurde die Frage nach einer Vorwegnahme der Gemeinschaft mit der katholischen Kirche innerhalb der Communauté noch dringlicher: Wie konnte das Hindernis der Trennung zwischen diesen beiden Traditionen überwunden werden?

Für Frère Roger konkretisierte sich in seinem persönlichen Leben das allmähliche Sich-einlassen in eine volle Gemeinschaft mit der katholischen Kirche in zwei Punkten: die Eucharistie emp-

---

3   *Clément, Olivier:* Taizé. Einen Sinn fürs Leben finden. Mit einem Vorwort von Frère Alois. Freiburg i. Br.: Herder, 2006, 24.

4   A. a. O. 55.

fangen und die Notwendigkeit eines Dienstamtes der Einheit, ausgeübt durch den Bischof von Rom, anerkennen. Er sah darin keinen Ausdruck einer «Rückkehr-Ökumene», weil seiner Ansicht nach die katholische Kirche seit Johannes XXIII. und dem Zweiten Vatikanischen Konzil den wesentlichen Forderungen der Reformation stattgegeben hatte: Vorrang der Gnade Gottes, Gewissensfreiheit, ein auf Christus zentrierter Glaube und der Stellenwert der Bibel. Und er hätte es noch gerne miterlebt, als die Bischofssynode 2008 in Rom, die sich mit dem Wort Gottes befasste, daran erinnerte, dass zwei Wirklichkeiten bereits alle Christen einen: die Taufe und das Wort Gottes.

Dieser Weg Frère Rogers ist heikel, anspruchsvoll, und wir haben ihn noch nicht vollkommen ausgelotet: In seiner Folge wollen wir in Taizé die Versöhnung durch unser Leben vorwegnehmen, schon als Versöhnte leben, und wir hoffen, dass diese Erfahrung dazu beitragen kann, einen theologischen Vorstoß vorzubereiten. Ist in der Kirchengeschichte nicht stets der gelebte Glaube theologischen Ausformulierungen vorausgegangen? Auch in der Zukunft werden wir uns in Taizé auf zwei Schritte stützen, die unsere Communauté zu Beginn der Siebzigerjahre getan hat:

- Seit 1973 empfangen wir mit Einverständnis und Ermutigung des Bischofs von Autun, der Ortskirche, in der sich Taizé befindet, alle die Kommunion der katholischen Kirche. Dies war die einzige Möglichkeit, die sich für uns auftat, gemeinsam zu kommunizieren. Forschungen auf dem Gebiet der ökumenischen Theologie, insbesondere die von Frère Max über die Bedeutung des Gedächtnisses in der Eucharistie, ermöglichten es uns, zu ein und demselben Eucharistieverständnis zu gelangen.

- Einige Jahre zuvor hatten die Brüder während des jährlichen Bruderrats 1969 festgestellt, dass die bloße Anwesenheit katholischer Brüder die Communauté veranlasste, «immer mehr eine Vorwegnahme der Einheit zu leben, indem wir mit dem Menschen in Gemeinschaft stehen, der das Dienstamt des Dieners der Diener Gottes innehat.» Frère Roger sprach seinerzeit häufig von der Rolle des universalen Hirten hinsichtlich der Einheit der Christen und erwähnte manchmal den Aufruf des jungen Martin Luther, der Kirchenglieder, die sich von der römischen Kirche getrennt hatten, einlud – wörtlich – «herbeizueilen, nicht zu fliehen, weinen, mahnen, überreden, ja alles in Bewegung setzen». Unsere Communauté war zu der Gewissheit gelangt, dass sich die Versöhnung von Nichtkatholiken mit der Kirche von Rom nicht darin vollzieht, dieser unbegrenzt Bedingungen zu stellen, sondern ihr von innen her zu helfen sich weiterzuentwickeln. Das 20. Jahrhundert hat gezeigt, wie sehr das petrinische Dienstamt in der Lage ist, sich zu verändern.

Johannes Paul II. hat selbst die Nichtkatholiken dazu aufgerufen, ihm bei dieser Fortentwicklung zu helfen. In seiner Enzyklika «Ut unum sint» schrieb er Worte, die durch ihre Demut beeindrucken:

«Aus dem Wunsch, wirklich dem Willen Christi zu gehorchen, sehe ich mich als Bischof von Rom dazu gerufen, diesen Dienst auszuüben. Der Heilige Geist schenke uns sein Licht und erleuchte alle Bischöfe und Theologen unserer Kirchen, damit wir ganz offensichtlich miteinander die Formen finden können, in denen dieser Dienst einen von den einen und anderen anerkannten Dienst der Liebe zu verwirklichen vermag. Eine ungeheure Aufgabe, die wir nicht zurückweisen können und die ich allein nicht zu Ende bringen kann. Könnte die zwischen uns allen bereits real bestehende, wenn auch unvollkommene Gemeinschaft nicht die kirchlichen Verantwortlichen und ihre Theologen dazu veranlassen, über dieses Thema mit mir einen brüderlichen, geduldigen Dialog aufzunehmen, bei dem wir jenseits fruchtloser Polemiken einander anhören könnten, wobei wir einzig und allein den Willen Christi für seine Kirche im Sinne haben?»

Diese beiden Schritte unserer Communauté, von denen eben die Rede war, die Kommunion der katholischen Kirche zu empfangen und die Gemeinschaft mit dem universalen Hirten vorwegzunehmen, vollziehen die Brüder unserer Communauté, die aus einer evangelischen Familie kommen, ohne jede Ableugnung ihrer Herkunft, vielmehr als Erweiterung ihres Glaubens. Die Brüder, die aus einer katholischen Familie kommen, finden ihrerseits eine Bereicherung darin, sich in der Linie des Zweiten Vatikanischen Konzils den Fragestellungen und dem Glauben der Kirchen der Reformation zu öffnen. Dies wurde für uns etwas ganz Natürliches. Wenn diese Schritte bisweilen Eingrenzungen und Verzichte mit sich bringen – kann es Versöhnung ohne Verzichtleistungen geben? – so ist demgegenüber die Ausweitung eines Lebens in versöhnter Gemeinschaft unvergleichlich wichtiger.

Eine Übergangszeit hin zur Versöhnung

Ich habe über die Brüder der Communauté gesprochen. Was lässt sich zu den Jugendlichen sagen? Woche für Woche haben wir in Taizé Jugendliche aus allen Ländern Europas und auch von den anderen Erdteilen in all ihrer Unterschiedlichkeit zu Gast. Das Gebet dreimal am Tag stellt uns zusammen in die Gegenwart Christi, und der Heilige Geist vereint uns bereits im gemeinsamen Gebet. Die biblische Unterweisung, die wir den Jugendlichen jeden Tag geben, ermöglicht es, zu der Quelle zu gehen, die allen gemeinsam ist. Und wir denken mit ihnen darüber nach, auf welche Weise sie diese Suche in ihrem Alltag fortsetzen können.

Diese Jugendlichen wachsen in einer zersplitterten Gesellschaft auf, die keine soliden Anhaltspunkte bietet. Wenn sie wieder nachhause zurückgekehrt sind, sind sie mit oft schwierigen Lebensentscheidungen konfrontiert. Auch im Bereich der Ethik helfen die Spaltungen unter Christen den Jugendlichen nicht, Wege zu finden, auf denen sie das Evangelium in ihrem persönlichen Leben konkretisieren können. Könnten die Christen auf diesem heiklen Gebiet, dem ethischen Bereich, anstatt allzu schnell unverrückbare Standpunkte abzustecken, die sie voneinander entfernen, nicht mehr Zeit darauf verwenden, sich im Dialog auf ein gemeinsames Vorgehen zu verständigen?

In Taizé versuchen wir den Jugendlichen zu helfen, etwas von der «einzigen Kirche des Herrn» in ihrer Sichtbarkeit zu erahnen und dabei die Traditionen der verschiedenen Kirchen zu respektieren, was unweigerlich eine Spannung einschließt. Hinsichtlich der Eucharistie halten wir es so, dass die Jugendlichen die Möglichkeit haben, gemäß ihrer eigenen Tradition zu kommunizieren. Jeden Tag wird eine katholische Eucharistiefeier gehalten. Die orthodoxe Liturgie findet statt, wenn es orthodoxe Teilnehmer gibt, die mit Pfarrern angereist sind. Anglikanische, evangelisch-lutherische oder evangelisch-reformierte Christen sind eingeladen, eine Eucharistie gemäß ihrer Tradition zu feiern.

Wir stellen fest, dass zahlreiche Jugendliche nach einem Aufenthalt in Taizé sich aktiver in ihre Ortskirche einbringen und dazu einen geschärfteren Sinn für die universelle Kirche erworben haben. Bei seinem Besuch 1986 in Taizé spielte Johannes Paul II. darauf an, als er zu uns sagte:

«Ihr wollt selbst ein ‹Gleichnis der Gemeinschaft› sein und helft damit allen denen ihr begegnet, ihrer kirchlichen Zugehörigkeit, die Frucht ihrer Erziehung und ihrer Gewissensentscheidung ist, treu zu sein, jedoch auch, sich immer tiefer auf das Geheimnis der Gemeinschaft einzulassen, das die Kirche im Plan Gottes ist.»

Wir erheben nicht den Anspruch, die Lösung gefunden zu haben. Unsere Vorgehensweisen sind unvollkommen. Wir wissen, dass unsere Lage vorläufig ist, in Erwartung der vollen, ganz vollzogenen Einheit. Die Sichtbarkeit der Einheit, die wir zu leben suchen, löst nicht alle Fragen. Aber wir versuchen, in eine Dynamik der Versöhnung einzutreten. Wir möchten, dass sie die getrennten Christen bewegt zu lernen einander anzugehören, ihre verschiedenen Traditionen zu läutern, einen Unterschied zwischen *der* Tradition und den Traditionen zu machen, die nur Gewohnheiten oder Bräuche sind, auf eine Ökumene zuzugehen, die sich nicht damit begnügt, die Christen auf parallelen Schienen zu belassen.

Eucharistie und Dienst

Ich komme nun zum letzten Kapitel und möchte hier unterstreichen, dass die Gemeinschaft, die Christus anbietet, seine Jünger zu Menschen macht, die offen sind für Universalität. Sie ermutigt sie, auf die anderen zuzugehen, sich den Schwächsten zu widmen, den Menschen, die ärmer sind als wir, und auch zu den Gottsuchern zu gehen, die einer anderen Religion angehören, oder zu denen, die ohne jeden Bezug auf Gott leben. An vielen Orten auf der Welt leben die Christen verschiedener Konfessionen diese Offenheit gemeinsam.

Es trifft sich gut, dass wir am Gründonnerstag eingeladen sind, zugleich der Einsetzung der Eucharistie und der Fußwaschung zu gedenken. Zwischen beiden Gesten besteht eine enge Verbindung. Durch sie zeigt Jesus, vielleicht besser als durch Worte, was die Mitte des Evangeliums bildet: «Da er die Seinen, die in der Welt waren, liebte, erwies er ihnen seine Liebe bis zur Vollendung» (Johannes 13,1). Die Feier der Eucharistie lädt zur Fußwaschung ein: wie Jesus im Dienst an den anderen bis zur Vollendung gehen, lieben, wie er geliebt hat.

Oft wiederholte Frère Roger: «Gott ist mit ausnahmslos jedem Menschen vereint.» Er trug alle Menschen in seinem Herzen, aus allen Nationen, insbesondere die Ärmsten, die Jugendlichen und die Kinder. Diese Vision einer universalen Gemeinschaft hat dazu geführt, dass wir Fraternitäten von jeweils einigen Brüdern einrichteten, die das Leben der Ärmsten in Afrika, Asien und Südamerika teilen und auch versuchen, Verbindungen zwischen Kulturen und Völkern zu knüpfen.

Diese Brüder haben nicht die Mittel, die unzähligen Notlagen zu beheben. Aber für manche von ihnen ist es wie eine Quelle des Lebens, täglich vor der Eucharistie zur verweilen, eine Quelle, die es ihnen ermöglicht, durch ihre bloße Anwesenheit den Menschen in ihrer Umgebung «die Füße zu waschen». Und allmählich entstehen kleine Solidaritätsinitiativen. Sie sind nur zeichenhaft, aber sie können einen Zugang für Christus bahnen, der die Menschheit umgestaltet, und im Herzen der Welt einen Horizont der Hoffnung erschließen.

Zum Abschluss möchte ich noch einmal betonen: Da Christus gekommen ist, «um die versprengten Kinder Gottes wieder zu sammeln» (Johannes 11,52), ist es in unseren Augen wesentlich, in ihm eins zu sein. Christus ist der Gute Hirte aller Menschen. Er ist auch die Tür zum Vater und zu den anderen. Werden wir durch diese Tür in das Haus des Vaters eintreten, um uns alle wiederzufinden? Eine solche Dynamik würde unsere Kirchen beleben, erfüllt von der Freude Christi und dem Vertrauen, dass der Heilige Geist uns Schritt für Schritt die Zukunft zeigen wird.

Und ich ende mit einem Gebet, mit Worten, die Frère Roger uns hinterlassen hat: O Gott, wir preisen dich für die unzähligen Frauen, Männer, Jugendliche und Kinder, die überall auf der Erde Wege suchen, Zeugen des Friedens und der Versöhnung zu sein. Gib, dass wir in der Folge der heiligen Zeugen Christi aller Zeiten, seit den Aposteln und der Jungfrau Maria bis zu den Glaubenden von heute, uns ganz dir überlassen, in Vertrauen und Liebe.

P. Francisco-Javier Kardinal Errázuriz Ossa

Die 5. Generalversammlung des Episkopats von Lateinamerika und der Karibik und ihre Beziehung zu Papst Franziskus[1]

Das letzte Konklave brachte ein unerwartetes Ergebnis. Der Erzbischof von Buenos Aires hatte Vatikankennern zufolge nicht zur Liste der Papabili gehört. Auch nach der Wahl hörten die Überraschungen nicht auf. Mit seinem bescheidenen ersten Grußwort und der Bitte, in Stille ein Gebet für ihn zu halten, gewann Papst Franziskus die Herzen aller, die nach dem Aufsteigen des weißen Rauches auf den Petersplatz geeilt waren. Uns alle, die wir in der Sixtinischen Kapelle versammelt waren, überraschte er ebenfalls mit seinem ersten Gruß. Er erwartete uns stehend, wie ein Bruder.

Vom Moment an, da er im Kleinbus und nicht im luxuriösen schwarzen Volkswagen, der auf ihn wartete, Platz nahm, bis zum heutigen Tag hat er uns immer wieder mit seinen Worten, seinem Verhalten, seiner Gesinnung und seiner Nähe überrascht. Viele suchen nach den Quellen seiner Besonderheit, die sowohl bei den Katholiken als auch bei vielen Nichtkatholiken, die sich plötzlich der Botschaft Jesu Christi und der Kirche näher fühlen, auf Interesse und Bewunderung stößt.

Im Rahmen dieser Vorlesung wurde ich gebeten, Ihnen einige dieser Quellen zu nennen. Ich beziehe mich auf die 5. Generalkonferenz des Episkopats von Lateinamerika und der Karibik, die im Mai 2007 im nationalen Heiligtum Unserer Lieben Frau von Aparecida in Brasilien stattfand.

---

1   Kardinal Errázuriz Ossa hielt diesen Vortag am 27. Oktober 2014 im Rahmen der Otto-Karrer-Vorlesung in der Jesuitenkirche Luzern.

Die Generalkonferenz von Aparecida

Die Konferenz von Aparecida wurde am 13. Mai 2007 von Papst Benedikt XVI. mit einer berühmten Ansprache eröffnet. Auch wenn er nur wenige Stunden mit uns verbrachte, bewirkten seine berührenden Worte, dass man sich noch Monate später mehr an seine Schlussfolgerungen als an das Dokument, das wir in Brasilien «erarbeiteten», erinnerte. Er beendete die Versammlung mit einer Eucharistiefeier und Entlassung. Die Versammlung war damit geschlossen, aber der Strom des Lebens und der missionarischen Verpflichtung, der damals ausbrach, fließt heute weiter und trägt in unserer Kirche Früchte.

Es war Johannes Paul II., der unsere Generalkonferenzen würdigte. Die Initiative zu diesen Konferenzen kommt von den Bischofskonferenzen. Diese schlagen dem Papst ein Thema vor, wonach die Vorbereitung in den Händen des Lateinamerikanischen Bischofsrats (CELAM) liegt. Entgegen der Meinung einiger seiner Mitarbeiter bat er uns, dass wir diese Art der pastoralen Begegnung, die unter uns keimte und die die Zusammenarbeit unter unseren Bischofskonferenzen charakterisiert, beibehielten.

Papst Benedikt XVI. approbierte das Thema der Konferenz: «Jünger und Missionare Jesu Christi, damit unsere Völker in ihm das Leben haben». Zudem beschloss er trotz dem Druck, die Versammlung in Rom durchzuführen, dass diese «beim Marienheiligtum Unserer Lieben Frau von Aparecida in Brasilien» stattfinden solle. Das Schlussdokument von Aparecida fasst den marianischen Geist und die lebendige Hoffnung der tausenden von Gläubigen zusammen, die täglich zum nationalen Heiligtum von Brasilien pilgern.

Als wir zur Vorbereitung der Generalkonferenz einluden, wandten wir uns an alle Gemeinden der lateinamerikanischen Kirchengemeinschaften und baten sie um Mithilfe. Alle waren mit Hand und Herz dabei und reichten unzählige Vorschläge ein. Auch die hispanischen Gemeinschaften in den 40 US-amerikanischen Diözesen beteiligten sich an der Vorbereitung. Viele freuten sich darüber, ihre Beiträge in einem Synthesepapier der eingereichten Beiträge und im Schlussdokument wiederzufinden.

Während der Vorbereitungszeit und bei den Arbeiten beim Heiligtum beeindruckte vor allem der Gemeinschaftsgeist, der die Mitglieder der Versammlung inspirierte. Wir versammelten uns mit der Absicht, den Reichtum und die Erfahrungen entgegenzunehmen, die der Heilige Geist den Hirten und lebendigen Gemeinschaften auf dem ganzen Kontinent geschenkt hatte, und was man uns in der Aula und in den Kommissionen übergab. Wir erkannten den großen Willen, Beiträge und Erfahrungen beizusteuern; darunter waren auch solche, die einen Beitrag leisten wollten, ohne an der Versammlung teilzunehmen.

Die Gemeinschaft umfasste nicht nur die Mitglieder der Versammlung. Ihr schlossen sich auch jene an, die die Arbeiten im Internet verfolgten. Die Versammlung war geprägt von einer Gemeinschaft unter den Teilnehmern und einer lebendigen und belebenden Gemeinschaft mit Gott. Eine Gemeinschaft, die in jeder Eucharistie inmitten von hunderten von Chorstimmen des Heiligtums aufblühte und von den Predigten der Messen und Vespern, die wir mit dem Herzen von Jüngern empfingen, weitergetragen wurde. Diese Gemeinschaft mit Christus war die treibende Kraft aller Überlegungen und Arbeiten und fand schließlich ihren Höhepunkt in den Schlussfolgerungen.

In der Folge werden wir erkennen, was Aparecida bewirkt hat. Die Früchte der Versammlung haben ihre großen, lebenskräftigen Samen unter uns ausgesät. Eine dieser Früchte möchte ich schon jetzt, zu Beginn meiner Vorlesung, nennen: Es ist die Vorstellung davon, was die Identität eines Christen ausmacht. Einige Möglichkeiten, unsere Identität zu definieren, sind verschwunden und haben anderen Platz gemacht. Nach Aparecida sind wir überzeugt zu wissen und zu erleben, dass ein Christ ein «missionierender Jünger Jesu Christi» ist, der seine Mission teilt, indem er sich dafür einsetzt, dass unsere Völker ein Leben in Fülle haben.

I. Teilnehmer

An dieser Generalversammlung nahmen 168 Bischöfe teil; darunter die Präsidenten aller Bischofskonferenzen von Lateinamerika und der Karibik und die von den Konferenzen gewählten Bischöfe. Anwesend waren auch der Kardinalpräfekt der Kongregation für die Bischöfe, die fünf Bischöfe, die das Präsidium der CELAM bilden, und eine kleine Anzahl von Bischöfen, die von Papst Benedikt XVI. gesandt worden waren, nicht alle mit Stimmrecht. Desweitern wurden 24 Diözesanpriester, sechs ständige Diakone, 24 Ordensmänner und Ordensfrauen, 23 Laien, sechs Vertreter kirchlicher Hilfsorganisationen in unseren Ländern, 14 Experten und acht Beobachter anderer Religionsgemeinschaften eingeladen, unter ihnen zum ersten Mal auch ein Rabbiner.

Das Schlussdokument: Die pastoralen Möglichkeiten von Aparecida

1. Einleitung

Um die Früchte der 5. Konferenz zu beurteilen, müssen wir nicht nur das Schlussdokument berücksichtigen, sondern auch die *Erfahrung einer Zeit voller Gnaden*, Glaubenserfahrung, kirchlicher Gemeinschaft und Teilnahme; einer Pfingstzeit, die Anlass zu viel Freude gab und sich wie ein Geist, der ansteckt und das Leben der Kirche zum Gären bringt, über alle Länder erstreckt.

Das Ergebnis dieses Ereignisses liegt vor: Es ist ein Schlussdokument voller Hoffnung und biblischer Wurzeln; realistisch und mit Orientierungen für eine pastorale Pädagogik. Die Veröffentlichung des Dokuments wurde vom Heiligen Vater als eine Geste seiner Wertschätzung gegenüber dem bischöflichen Lehramt «approbiert».

In seinen Grundzügen *handelt es sich um ein klares und richtungsweisendes Dokument*. Es ist jedoch kein vollständiges fertiges Dokument. Nicht alle Formulierungen sind ausgefeilt. Auch werden nicht alle Themen abgedeckt. Das hat seinen Grund und nicht nur Nachteile: Das Dokument wurde von über zweihundert Personen verfasst, die die Kirche zahlreicher Länder vertreten und in ihm ihre Beiträge wiederfinden. Es wurde von den Bischöfen abgesegnet, aber von allen Personen in 18 Tagen intensiver Arbeit und intensiven Gebets geschrieben.

Aufgrund des Zeitdrucks bleibt ein Dokument dieser Art unvollendet. Aparecida ist nicht abgeschlossen. Es ist ein Weg, der in die Zukunft weist. Das Dokument von Aparecida ist das vorletzte Kapitel der Versammlung; das letzte ist das Leben der Gemeinschaften und sein missionarischer Schwung, um es mit den Worten des Heiligen Vaters zu sagen. Seine großen pastoralen Leitlinien und sein Geist wirken weiter als *Sauerteig, der das Leben und die evangelisierende Arbeit aller Gemeinden und der Institutionen der Kirche bereichert* (siehe 381, 431[2]). Um diese Wirkung zu verlängern, hat Aparecida einen tiefgreifenden pastoralen Wandel und eine kontinentale Aufgabe ausgelöst. Daher werde ich mich in diesem Vortrag auf die großen Orientierungen und Optionen von Aparecida konzentrieren, in denen die Originalität dieses Prozesses sichtbar wird.

2. Die pastorale Grundausrichtung: Jünger-Missionare Jesu Christi sein und bilden

Betrachten wir zunächst drei Nummern der Einleitung des Dokumentes von Aparecida.

«Die Kirche ist aufgerufen, ihre Sendung unter den neuen Bedingungen Lateinamerikas und der Welt gründlich zu überdenken und sie in Treue mutig wieder aufzugreifen. Sie darf sich weder

---

2   Die im Text eingefügten Nummern beziehen sich auf die Nummerierung des Schlussdokumentes von Aparecida. Die Zitate sind der deutschen Übersetzung entnommen: «Aparecida 2007. Schlussdokument der 5. Generalversammlung des Episkopats von Lateinamerika und der Karibik. 13.–31. Mai 2007, hg. vom Sekretariat der Deutschen Bischofskonferenz. Bonn 2007. Das Schlussdokument ist auch auf Spanisch, Englisch, Französisch und Italienisch online unter: www.celam.org/aparecida.php zugänglich.

vor jenen beugen, die nur Verwirrung, Gefahren und Bedrohung sehen, noch vor jenen, die mit verschlissenen Ideologien oder verantwortungslosen Aggressionen die so verschiedenartigen und komplexen Situationen zu verschleiern suchen. Es geht darum, die Aktualität des Evangeliums, das in unserer Geschichte verwurzelt ist, durch persönliche und gemeinschaftliche Begegnung mit Jesus Christus zu bestätigen, zu erneuern und wieder zu beleben, damit er Jünger und Missionare berufen kann.» (11)

Die Option wird völlig bewusst getroffen und das Schlussdokument kehrt immer wieder mit verschiedenen Worten auf diese grundlegende Entscheidung zurück. So finden wir sie auch in der folgenden Ziffer, in die weise Worte der Päpste Johannes Paul II. und Benedikt XVI. einfließen:

«Unsere größte Bedrohung ist ‹der graue Pragmatismus des Alltags der Kirche, in dem scheinbar alles normal verläuft, in dem sich aber in Wirklichkeit der Glaube erbärmlich verbraucht und degeneriert›.[3] Wir alle müssen neu beginnen von Christus her:[4] ‹Am Anfang des Christseins steht nicht ein ethischer Entschluss oder eine große Idee, sondern die Begegnung mit einem Ereignis, mit einer Person, die unserem Leben einen neuen Horizont und damit seine entscheidende Richtung gibt (Deus caritas est 1).›[5]» (12)

Die Neuheit von Aparecida liegt daher in der grundlegenden Entscheidung, die von der Generalversammlung getroffen wurde,

---

3   *Ratzinger, Joseph:* Zur Lage von Glaube und Theologie heute. Vortrag bei der Tagung der Präsidenten der Bischöflichen Kommissionen Lateinamerikas für die Glaubenslehre. Guadalajara. México (1996), veröffentlicht in: Osservatore Romano vom 1. November 1996.

4   Vgl. *Johannes Paul II.:* Apostolisches Schreiben «Novo millennio ineunte» (6.1.2001), 28 f.

5   *Benedikt XVI.:* Enzyklika «Deus caritas est» (25.12.2005).

nachdem sie die aktuellen Lebensumstände betrachtet hat, die uns bedingen und die uns der Herr der Geschichte als Geschenk, aber auch als Aufgabe gegeben hat. Abschnitt Nummer 14 drückt dies mit folgenden Worten aus:

> «Was uns bestimmt, sind nicht die dramatischen Umstände des Lebens, nicht die Herausforderungen der Gesellschaft, nicht die Aufgaben, die wir bewältigen müssen, sondern vor allem die Liebe, die Gott uns durch Jesus Christus in der Salbung mit dem Heiligen Geist geschenkt hat. Diese grundlegende Priorität hat unsere ganze Arbeit bestimmt, […] verbunden mit der vertrauensvollen Bitte, dass der Heilige Geist uns helfe, die Schönheit und die Freude des Christseins neu zu entdecken. Die große Herausforderung, die wir in Angriff nehmen, besteht darin zu beweisen, dass die Kirche die Fähigkeit besitzt, Jünger und Missionare hervorzubringen und auszubilden, die ihrer Berufung folgen und überall aus tiefer Dankbarkeit und Freude das Geschenk der Begegnung mit Jesus Christus weitergeben. Wir haben keinen anderen Schatz als diesen. […] Das ist der beste Dienst, den die Kirche als ihren ureigenen Dienst den Menschen und Nationen anbieten muss.» (14)

3. Dankbarkeit und Freude, im Einklang mit der Seele der Jünger und Missionare

Für die ersten Jünger Jesu Christi war das beeindruckendste Ereignis, die entscheidendste Gnadenstunde ihres Lebens, als sie, von der göttlichen Vorsehung geführt, Jesus trafen oder wenn er ihnen entgegenkam und sie bei ihrem Namen rief.

> «Alle, die sich von der Weisheit des Worte Jesu, von seiner Güte, von der Macht seiner Wunder, vom ungewöhnlichen Staunen, das dieser Mensch wachrief, angezogen fühlten, nahmen das Geschenk des Glaubens an und wurden Jüngerinnen und Jünger Jesu. Sie konnten die Finsternis und die Schatten des Todes (vgl. Lk 1,79) hinter sich lassen und fanden zu einem außeror-

dentlich erfüllten Leben. Sie fühlten sich durch das Geschenk des Vaters bereichert. Sie haben die Geschichte ihres Volkes und ihrer Zeit erlebt und waren im Römischen Reich unterwegs, ohne je die wichtigste und für ihr Leben entscheidende Begegnung zu vergessen, die sie mit Licht, Kraft und Hoffnung erfüllt hatte: die Begegnung mit Jesus, der ihnen Fels, Friede und Leben wurde.» (21)

Wie sie werden wir als missionarische Jünger durch die Welt pilgern? Wir werden uns bemühen, die Zeichen der Zeit mit Liebe zur Wahrheit zu erkennen. Wir werden alternative Wege bereiten, die der Vernunft und dem Glauben entsprechen. Wir werden Werkzeuge sein, die Gemeinschaft aufbauen und mit der Gnade Gottes wirken, um das Reich der Gerechtigkeit, der Wahrheit und des Friedens zu errichten, indem wir in unserem Geist folgender Grundhaltung und dem entsprechenden Lebensgefühl einen breiteren, bestimmenden Raum geben werden: *die Dankbarkeit und die Freude des Christseins[6] für die Freude darüber, «dass wir Jünger des Herrn sind und mit dem Schatz des Evangeliums ausgesandt wurden».* (28)

Diese Zeichen der Verkündigung und Aufnahme des Evangeliums müssen auch den missionarischen Geist der Jünger Jesu Christi erfüllen.

«Wir haben den Wunsch, dass die Freude, die wir durch die Begegnung mit Jesus Christus empfangen haben, alle von Ungemach verwundeten Männer und Frauen erreiche; wir haben den Wunsch, dass die Freude über die Gute Nachricht vom Reich Gottes, von Jesus Christus, dem Sieger über Sünde und Tod, zu allen gelange, die am Wegrand liegend um Almosen und Nächstenliebe bitten (vgl. Lk 10,29–37; 18,25–43). [...] Jesus kennen zu lernen ist das beste Geschenk, das einem Menschen zuteil werden kann. Ihm

---

6   Vgl. Aparecida 2007. Schlussdokument der 5. Generalversammlung des Episkopats von Lateinamerika und der Karibik. 13.–31. Mai 2007, hg. vom Sekretariat der Deutschen Bischofskonferenz. Bonn 2007, 14.17 f.

begegnet zu sein, ist das Beste, was uns in unserem Leben passieren konnte. Ihn durch Wort und Tat bekannt zu machen, ist uns eine große Freude.» (29)[7]

Dies ist auch die Grundhaltung der Heiligen Mutter Maria, die sie im Hause ihrer Cousine Elisabeth zum Ausdruck brachte.

4. Die Option für den Menschen und für die Fülle der christlichen Berufung

Bei der Vorbereitung der 5. Generalversammlung haben wir uns von der Notwendigkeit überzeugt, auf dem im Apostolischen Schreiben «Ecclesia in America» vorgezeichneten pastoralen Weg einen Schritt weiter zu gehen. *Ausgehend von der «Begegnung mit dem lebendigen Jesus Christus» erschien es uns notwendig, in die Tiefe des lebendigen Selbstverständnisses und der Sendung des Subjektes einzugehen, das den großen Herausforderungen unserer Zeit entgegentreten muss. Aparecida setzte die Wurzel für die Umkehr und das pastorale Wirken in die Begegnung mit dem lebendigen Jesus Christus, der uns zu seinen missionarischen Jüngern macht.*

In dieser Option erkennen viele Pastoralarbeiter einen großen Realismus, indem sie nicht annehmen, dass alle Katholiken Männer, Frauen und Jugendliche starken und reifen Glaubens sind, die gegen den Strom schwimmen können, der unsere Kultur ihrer christlichen Wurzeln berauben will, und dass sie in der Lage sind, der Gesellschaft die Gute Nachricht zu bringen. Aparecida kehrt zum Jordan und an die Gestade des Sees Gennesaret, zu den ersten Begegnungen der ersten Jünger mit Jesus zurück.

Die pastorale Aufmerksamkeit darauf zu konzentrieren, dass jeder Katholik nicht nur ein Pastoralarbeiter, sondern auch ein missionarischer Jünger Jesu Christi ist, entspricht einer kopernikanischen Wende der pastoralen Tätigkeit. Irgendwie begnügt sich Aparecida weder mit neuen evangelisierenden Handlungen noch mit einer «neuen» Evangelisierung, sondern geht von einer tiefgreifenden Umkehr aus. Aparecida kehrt zum Ausgangspunkt

---

7   Siehe a. a. O. 364.

zurück und haucht dem eigentlichen Grund der ersten Evangelisierung neues Leben ein: der ersten Begegnung mit Jesus Christus. Zu diesem Zweck wird dreimal dazu aufgerufen, «wieder neu mit Christus anzufangen» (549, siehe auch 12, 41).

Im Einklang mit dieser Option präsentiert Aparecida das Christentum nicht aus einer rein ethischen oder ideologischen, sondern aus einer persönlichen Perspektive: aus der Perspektive der persönlichen und gemeinschaftlichen Begegnung mit Jesus Christus, der uns in die Gemeinschaft derer aufnimmt, die von ihm gerufen werden. *Die biblische Kategorie «Begegnung» erfordert eine pastorale Umkehr* der Mitarbeiter der Pastoral, weg von einer Haltung, die mit reiner Funktionalität zu tun hat, damit man durch sie erleben kann, dass sich Christus unter den Seinen befindet.

Die Begegnung von Jesus Christus mit uns, die in der Eucharistie hervorragend ausgedrückt wird, löst die Dynamik der Liebe aus, da seine Liebe in uns Liebe, Staunen und Kontemplation erweckt, aber auch den Willen, ihm zu folgen und engagiert mit ihm an der Veränderung der Welt zu arbeiten. Die Liebe zu ihm löst in uns die Dynamik der Befreiung von Verhaltensweisen, Überzeugungen und Gefühlen aus, die dem Reiche Gottes fremd sind, und führt uns auch dazu, sein Kreuz und seine Solidarität mit allen anderen Personen, die er liebt, vor allem mit den Armen und denjenigen, die am Rande unserer Gesellschaft leben, zu teilen.

Im Einklang mit dieser Option und in Fortsetzung der Amerika-Synode fordert uns Aparecida auf, die *Orte der Begegnung mit Christus kennenzulernen* (246–275) und andere in seine lebendig machende Nähe zu bringen.

5. Die Option für eine Pastoralpädagogik

Das Schlussdokument von Aparecida schlägt die zahlreichen Begegnungsorte mit Jesus Christus vor: in der Kirche selbst (246), in der Heiligen Schrift (247–249) und in den Sakramenten (250–254). Es verweist auf die Sensibilität, mit der es die Volksfrömmigkeit (258–265), das Leben der Heiligen (266–275), vor allem der Jungfrau Maria, als Orte für die Begegnung mit Jesus Christus beschreibt (247–249). Die Relevanz, die es der Praxis der Lectio divina und der biblischen Inspiration der Pastoral zuschreibt, ist neu (247–249).

Das vielleicht Bemerkenswerteste dieses Kapitels, das durch die Rückkehr zu den biblischen Quellen auch seine Originalität erhält, findet sich erneut in Kap. 6.1.1 (244 und 245) sowie in den Nummern 276, 277 und 278a.

> «Das Wesen des Christentums besteht also darin, anzuerkennen, dass Jesus Christus da ist, und ihm zu folgen. Ebendiese Erfahrung erfüllte die ersten Jünger so wunderbar, als sie Jesus begegneten und fasziniert und voller Bewunderung waren wegen der außergewöhnlichen Art dieses Menschen, wie er zu ihnen sprach, sich ihnen gegenüber verhielt und ihren inneren Hunger und Durst nach Leben beantwortete. Der Evangelist Johannes hat uns plastisch geschildert, welch tiefen Eindruck der Mensch Jesus in den beiden ersten Jüngern Johannes und Andreas hervorrief, als sie ihn trafen. Alles beginnt mit der Frage: ‹Was wollt ihr?› (Joh 1,38). Auf diese Frage folgt die Einladung, eine Erfahrung zu machen: ‹Kommt und seht!› (Joh 1,39). In dieser Erzählung ist die christliche Methode für die Menschheitsgeschichte einzigartig und bleibend zusammengefasst.» (244)

Im weiteren Verlauf wiederholt das Schlussdokument von Aparecida die Aufforderung, zum Jordan zurückzukehren und die Dynamik dieser ersten Begegnung als belebenden Prozess und pastorale Methode wiederzufinden (siehe 276 ff.).

> «Alle, die seine Jünger sein wollen, suchen ihn zwar (vgl. Joh 1,38), aber der Herr ist es, der sie ruft: ‹Folge mir› (Mk 1,14; Mt 9,9). Man muss den tiefsten Sinn der Suche ausfindig und die Begegnung mit Christus, die am Beginn der christlichen Initiation steht, möglich machen.» (278 a)

Diese beinahe im Vorbeigehen geäußerte Bekräftigung ist für die pädagogische Wirkung der Begegnung entscheidend: «*Man muss den tiefsten Sinn der Suche ausfindig machen*». Wenn wir ihn finden, ist es nicht schwer, Jesus Christus denjenigen, die ihn suchen, nicht ganz allgemein als «Weg, Wahrheit und Leben» anzukündigen, sondern auf persönliche Weise. Wir können ihnen Jesus Christus als ihren Weg, ihre Wahrheit und ihr Leben vorstellen. Aufgrund dieser Erfahrung der Suche und der Begegnung wird der Suchende der Stimme Jesu einfacher folgen, wenn er ihn beim Namen nennt und ihm sagt: «Folge mir». Vor ihm werden sich die Türen für das lebendige Kennenlernen Jesu öffnen. Gleichzeitig beginnt der vom Apostolischen Schreiben «Ecclesia in America» vorgeschlagene Prozess der Umkehr, der Gemeinschaft und der Solidarität. Darüber hinaus ist es für uns, wenn wir uns wirklich für die Suche unserer Mitmenschen interessieren und verpflichten und ihre Sprache kennen, einfacher, auf verständliche Weise zu ihnen zu sprechen und ihnen Jesus Christus als den Gott-mit-uns zu verkündigen (vgl. 100 d).

6. Der Geist der Gemeinschaft und der Beteiligung

Zu Beginn dieser Überlegungen stellen wir fest, dass Aparecida große Auswirkungen auf das Leben und die pastorale Arbeit unserer Gemeinden haben wird, und zwar durch den *Geist, der die Phase der Vorbereitung und Durchführung der Versammlung kennzeichnete*. Tatsächlich haben wir uns von Unserer Heiligen Jungfrau von Aparecida mit einer tiefen Erfahrung der Gemeinschaft und der Beteiligung verabschiedet, bei der die Gemeinschaft mit Gott stets mit der Gemeinschaft unter den Brüdern und Schwestern einherging.

Die *Präsenz des Heiligen Vaters Benedikt XVI.* bekräftigte diesen Geist der Gemeinschaft, der überall zu spüren war. In seiner Eröffnungsansprache zur Versammlung verband er meisterhaft die Lehre, die unseren Glauben bestärkt und erleuchtet, mit der Wahrheit und der Wärme des Evangeliums und mit einem herzlichen Umgang, der von Geschwisterlichkeit und Hoffnung geprägt war.

Er war es, der den inneren Raum öffnete, der die 5. Versammlung kennzeichnete: den Raum der brüderlichen Communio, der evangelischen Freiheit und des Vertrauens in das Tun des Heiligen Geistes.

Während die *arbeitsintensiven Tage* vorbeigingen, erlebten die anwesenden Laien, Diözesanpriester, ständigen Diakone, Ordensmänner und Ordensfrauen ihre Hirten wie Brüder und Freunde, ohne dass dabei deren Sendung als Väter und Hirten in den Hintergrund gestellt wurde.

Die aktive Präsenz und das brüderliche Interesse der Vertreter anderer christlicher Gemeinschaften hielten die ökumenische Hoffnung hoch, ebenso wie die Verpflichtung zur Arbeit, damit wir in der Gemeinschaft des gleichen Glaubens und der gleichen Liebe eins sind.[8]

7. Die Option für das Leben

Wir selbst verspüren Bewunderung darüber, mit wie viel Kraft das «neue Leben in Christus» und der Aufbau des Reiches des Lebens (361) sich zu zentralen Achsen in den Schlussfolgerungen von Aparecida entwickelten. Wir sind gesandt worden, damit das neue Leben in Christus als der größte Reichtum unserer Völker geschätzt und dementsprechend gelebt wird. Dies schließt eine Option für die besten Lebensbedingungen und für alle Dimensionen des Lebens in Christus ein. Er kam als Herr des Lebens in diese Welt und um das Reich des Lebens zu verkünden und zu eröffnen, «damit alle das Leben haben, und es in Fülle haben» (Joh 10,10).

Wegweisend ist, dass die Männer, in deren Hand dieser Teil des Themas lag, den Sinn des Lebens unserer Völker nicht erklären konnten; ein ums andere Mal sprachen sie letztendlich nur von Rechten und Pflichten. Wir beschlossen daher, ein Seminar mit Frauen aus allen Ländern einzuberufen, um das erhoffte Ergebnis zu erzielen. Diese Frauen waren in der Lage, aufzuzeigen, was es

---

8   Siehe a. a. O. 227 ff.

heißt, missionarische Jünger für das Leben unserer Völker in Christus zu sein.

Bereits in seiner Eröffnungsansprache erschloss der Heilige Vater den gesamten Horizont des Lebens, indem er an die Lehraussagen der Enzyklika «Populorum progressio» erinnerte und ausführte, dass mit dem göttlichen Leben, an dem Christus uns teilhaben lässt, sich auch «voll das menschliche Dasein in seiner persönlichen, familiären, sozialen und kulturellen Dimension» entfalten muss, und dass die Antwort auf die große Herausforderung der Armut und des Elends «es unvermeidlich [mache], das Problem der Strukturen, vor allem jener, die Ungerechtigkeit verursachen, anzusprechen».[9]

Mit der Kraft dieser Verpflichtung für das Leben in Christus zögert das Dokument von Aparecida nicht, die Übel und Bedrohungen unserer Welt und die eigenen fehlenden Übereinstimmungen mit der erhaltenen Berufung beim Namen zu nennen. Es will diese Ausdrücke einer Kultur des Todes überwinden. *Es fordert dringend auf, sich die Leidenschaft für die Fülle des Lebens unserer Völker zu eigen zu machen*. Diesem Thema widmet das Dokument den gesamten dritten Teil.

Diese grundsätzliche Option beleuchtet die Perspektive, aus der die Situation unserer Völker, ihrer Kulturen und ihrer Familien betrachtet werden muss. Sie bietet uns ein unersetzliches Kriterium zur Unterscheidung und Beurteilung sowie zahlreiche Prioritäten, um entschlossen beim Aufbau des Reiches Gottes mitzuwirken.

1. Die Option für das Leben hat eine *zutiefst missionarische Dimension*. Er, der das Leben ist, das vor der Schöpfung existierte; Er, für den alles gemacht wurde; Er, der in die Welt kam,

---

9 *Benedikt XVI.:* Eröffnungsansprache zu Beginn der 5. Generalversammlung der Bischöfe von Lateinamerika und der Karibik, 13. Mai 2007. In: Aparecida 2007. Schlussdokument der 5. Generalversammlung des Episkopats von Lateinamerika und der Karibik. 13.–31. Mai 2007, hg. vom Sekretariat der Deutschen Bischofskonferenz. Bonn 2007, 332.

um das Leben wiederherzustellen und es uns in Fülle zu geben; Er, der starb und wieder auferstand, um uns bis zum Ende zu lieben; Er, der das Haupt der Schöpfung ist und von unseren Völkern erwartet wurde und erwartet wird, muss verkündigt werden, sodass seine Person und seine Sendung aufgenommen, geliebt und ihnen gedient wird. Ihn als das Leben, die Wahrheit und den Weg zu erkennen und zu lieben, führt uns zum Leben in Fülle.

2. Die radikale Option für das Leben in Christus hat noch eine weitere Dimension: *Es ist eine Option für das Reich Gottes und für die Förderung der menschlichen Würde.*

   «Feierlich erklären wir, dass jeder Mensch einzig und allein aus der Liebe Gottes stammt und die Liebe Gottes ihn in jedem Augenblick seines Lebens bewahrt. In der Erschaffung von Mann und Frau nach Gottes Bild und Gleichnis ereignet sich göttliches Leben, das seinen Ursprung in der treuen Liebe des Herrn hat. Daher ist nur Gott der Urheber und Herr des Lebens, und der Mensch, als sein lebendiges Abbild, ist vom Moment der Empfängnis an durch alle Etappen seines Daseins hindurch bis zum natürlichen Tod und über den Tod hinaus stets geheiligt.» (388)

   «Unsere Mission, durch die unsere Völker in ihm das Leben haben sollen, beweist unsere Überzeugung, dass in dem von Jesus geoffenbarten lebendigen Gott das menschliche Leben seinen Sinn, seine Fruchtbarkeit und seine Würde findet.» (389)

3. Die Option für die Förderung der Menschenwürde schließt notwendigerweise die *vorrangige Option für die Armen und Ausgeschlossenen* mit ein, eine Option, die der Papst in seiner Eröffnungsansprache als eine «im christologischen Glauben implizit enthaltene» Dimension nannte. Aus diesem Grund ruft Aparecida dazu auf, in den Leidensantlitzen unserer Geschwister das Antlitz Christi anzuschauen, der uns auffordert, ihm in ihnen zu dienen (393), und verdeutlicht, dass «vorrangig bedeutet, dass die Option all unsere pastoralen Prioritäten und Strukturen durchziehen soll» (396).

Das Dokument ruft uns dazu auf, vor diesem «Leid der Menschen, das uns schmerzt», innezuhalten und dem Beispiel des barmherzigen Samariters zu folgen, indem wir unserer Option für das Leben treu sind, wenn es um die Leidenden unserer Gesellschaft geht: die Menschen, die auf den Straßen leben (407–410), die Migranten (411–416), die Kranken (417–421), die Drogenabhängigen (422–427) oder die Häftlinge in den Gefängnissen (427–430).

4. Die Option für das Leben in Jesus Christus für unsere Völker ist ebenso eine *Option für die Ehe und die Familie, für die Kultur des Lebens und das Leben selbst*, was eine Sorge um die Nische dieses Lebens in der Natur und um die humane Ökologie einschließt (431–475). Bemerkenswert ist eine wertvolle Neuheit, nämlich die ausdrückliche Erwähnung der Verantwortung des Mannes und Familienvaters (459–463), die angesichts der gerechtfertigten und notwendigen Förderung der Würdigung und Mitwirkung der Frau (451–458) bisher weitgehend übergangen wurde.

5. Die Option für das Leben ist notwendigerweise auch *eine Option für die Evangelisierung der Kultur und der Kulturen unserer Völker*. Das umfassende Ziel, das wir uns in Aparecida vorgenommen haben und das genährt wird von einer wahren Leidenschaft für das Leben unserer Völker und eine große Kohärenz mit dem Glauben und große Opfer und Hoffnungen beinhaltet, musste noch weiter gesteckt werden und auch die Evangelisierung unserer Überzeugungen, unseres Verhaltens und unserer Sitten mit einbeziehen, ebenso wie die Art und Weise, wie wir unsere ‹Beziehung zur Natur, untereinander und zu Gott pflegen›[10]. Mit einem Wort: Aparecida musste zu einer Evangelisierung der Kultur anregen (476–480).

---

10 Die Evangelisierung Lateinamerikas in Gegenwart und Zukunft. Dokument der III. Generalkonferenz des Lateinamerikanischen Episkopats, Puebla 26.1.–13.2.1979, hg. vom Sekretariat der Deutschen Bischofskonferenz. Bonn, 1985, Nr. 386.

Aparecida schlägt die Evangelisierung der Kulturen ausgehend von einer äußerst tiefen und vielversprechenden lebendigen Begegnung mit Jesus Christus vor, die die Jünger (Menschen, Familien und Gemeinschaften), die in den modernen Kulturen versunken sind, dazu bringt, sich von den neuen Kulturen aufgrund ihrer Kohärenz mit der Liebe und Weisheit Jesu Christi anregen zu lassen.

6. Die Suche nach dem Wohl unserer Völker in allen weltlichen Dimensionen, besonders der Veränderung der Strukturen der Gesellschaft, damit sie für alle, besonders für die Randständigen und die Familien, lebensfreundlich sind, stellt eine Aufgabe dar, die eine Option für die spezifische Sendung der gläubigen Laien inmitten der irdischen Realität beinhaltet, eine verantwortungsbewusste und aktive Präsenz in den neuen und alten Areopagen, in den Städten[11] und auf dem Land, in den Peripherien und in den Entscheidungszentren. Die Aufgabe umfasst die Bildung, die Politik, die soziale Kommunikation, den öffentlichen Dienst, die Organisation der Unternehmen und der Arbeitnehmerverbände, die Integration von indigenen und afroamerikanischen Völkern, die Versöhnung und die Solidarität; auch die Vereinigung unserer Nationen[12].

8. Das Primat des Wirkens des Heiligen Geistes im pastoralen Dienst

Obwohl es jenseits einer realistischen Betrachtung des Handelns derer steht, die Zwietracht säen, und der damit verbundenen verheerenden Konsequenzen des Unheils und des Todes, brachte das Primat des Wirkens des Heiligen Geistes die Bischöfe dazu, nicht die Statistiken über die Entbehrungen, Unterdrückungen, Mängel,

---

11 Siehe Aparecida 2007. Schlussdokument der 5. Generalversammlung des Episkopats von Lateinamerika und der Karibik. 13.–31. Mai 2007, hg. vom Sekretariat der Deutschen Bischofskonferenz. Bonn 2007, 480–508.520–546.

12 Siehe ebd.

Fehler und Delikte als *Ausgangspunkt unserer Mitwirkung am evangelisierenden Handeln* Gottes zu sehen, sondern die *Saat Gottes in unserer Kirche und in der Gesellschaft.* Aparecida fordert uns auf, die Keime des Lebens, die Initiativen, die Werke und die Gemeinschaften, in denen wir Gottes Initiative und die Mitarbeit seiner Jünger zum Wohl seines Volkes und der Gesellschaft erkennen können, zu schätzen, zu fördern und vorherrschend zu unterstützen, ebenso wie die Initiativen, durch die der Heilige Geist gegen das Übel wirkt.

Papst Benedikt XVI. untersuchte in diesem Zusammenhang in seiner Eröffnungsansprache die Anwendung der Methode des «Sehens, Urteilens und Handelns». Als ersten Schritt auf die Aufforderung «die Realität sehen» stellt er die spitze Frage:

«Was ist diese ‹Wirklichkeit›? Was ist das Wirkliche?»

Und er fügte hinzu:

«Sind Wirklichkeit nur die materiellen Güter, die sozialen, wirtschaftlichen und politischen Probleme? Hierin liegt genau der große Irrtum der im letzten Jahrhundert vorherrschenden Tendenzen, ein zerstörerischer Irrtum, wie die Ergebnisse sowohl der marxistischen wie der kapitalistischen Systeme beweisen. Sie verfälschen den Wirklichkeitsbegriff durch die Abtrennung der grundlegenden und deshalb entscheidenden Wirklichkeit, die Gott ist. Wer Gott aus seinem Blickfeld ausschließt, verfälscht den Begriff ‹Wirklichkeit› und kann infolgedessen nur auf Irrwegen enden und zerstörerischen Rezepten unterliegen.»[13]

---

13 *Benedikt XVI.:* Eröffnungansprache zu Beginn der 5. Generalversammlung der Bischöfe von Lateinamerika und der Karibik, 13. Mai 2007. In: Aparecida 2007. Schlussdokument der 5. Generalversammlung des Episkopats von Lateinamerika und der Karibik. 13.–31. Mai 2007, hg. vom Sekretariat der Deutschen Bischofskonferenz. Bonn 2007, 326.

Trotzdem gab es an der Generalversammlung welche, die verlangten, dass die Einleitung zum Kapitel über die Ansicht der Wirklichkeit entfernt werden müsse, da sie eine gläubige Ansicht derselben vertrete. Sie bevorzugten eine Aussage in «völliger Neutralität». Kardinal Jorge Mario Bergoglio verteidigte die Einleitung als Präsident der Redaktionskommission, die sie vorgeschlagen hatte. Sie sollte beibehalten werden, und so wurde es genehmigt, denn unsere Ansicht der Wirklichkeit ist niemals nichtssagend. Sie entspricht dem Blick eines Gläubigen, der die Realität so sieht, wie sie sich seinen Augen des Glaubens und der Vernunft präsentiert: In ihr sieht er Gott, die grundlegende Wirklichkeit, die Werke Gottes und das menschliche Wesen, das mit Ihm zusammenarbeitet. Aus diesem Grund ist diese neue Ansicht nicht nur ein «Urteil», sondern eine Unterscheidung, und der dritte Schritt besteht nicht nur darin zu handeln. Es braucht auch Raum für die Kontemplation, eine Dimension des christlichen Lebens, die in unseren Ortskirchen nur spärlich vorhanden ist.

Um die Bedeutung der Anwendung der Methode, wie sie in Aparecida verwendet wurde, zu erkennen, genügt es, die 15 Nummern, die die Konferenz von Medellín der Volkspastoral widmete, zu vergleichen. Sie richten sich auf die Wertschätzung und die Pflege der Volksfrömmigkeit aus, die Aparecida als Raum der Begegnung mit Jesus Christus beschrieb.

«Wir dürfen die Spiritualität des einfachen Volkes nicht geringschätzen oder sie als belanglos für das christliche Leben ansehen; denn damit würden wir das Wirken des Heiligen Geistes und die zuvorkommende Initiative göttlicher Liebe missachten. In der Volksfrömmigkeit finden und entdecken wir einen eindringlichen Sinn für Transzendenz, eine spontane Fähigkeit, sich auf Gott zu verlassen, und eine wirkliche Erfahrung göttlicher Liebe. Sie bringt auch übernatürliche Weisheit zum Ausdruck; die Weisheit der Liebe ist nicht abhängig von der Aufklärung des Denkens, sondern vom inneren Wirken der Gnade.» (263)

Was das Volk Gottes im Allgemeinen anbelangt, dankt das Schlussdokument von Aparecida in den Nummern 98, 99 und auch an anderen Stellen Gott für die vielen Früchte, die der Heilige Geist auf dem wachsenden Boden der Kirche wirkt. Eine Frucht sind die unzähligen Basisgemeinden. «Sie setzen sich mit ihrem evangelisierend-missionarischen Engagement unter den ganz einfachen und am Rande der Gesellschaft lebenden Menschen ein» (179) und werden anerkannt als «Schulen der Ausbildung von Christen, die sich als Jünger und Missionare des Herrn engagiert für ihren Glauben eingesetzt haben. Viele ihrer Mitglieder haben sogar ihr Leben dafür hingegeben.» (178)

Ein weiteres Zeichen der Anerkennung des Sauerteigs, den Gott der Kirche geschenkt hat und den die Hirten schätzen und stützen wollen, sind die neuen kirchlichen Bewegungen und Gemeinschaften. Die Bischöfe bestätigen: «Sie sind eine Gabe des Heiligen Geistes» (311), und nehmen sich vor, «die Charismen und Dienste der kirchlichen Bewegungen im Bereich der Ausbildung der Laien besser zu nutzen». Dadurch wollen sie zum Ausdruck bringen, dass sie «ihre Charismen und ihre Originalität respektieren», indem sie sich darum kümmern, «dass sie sich uneingeschränkter in die gegebene Diözesanstruktur einfügen» können. «Andererseits ist es natürlich notwendig, dass die Diözesangemeinschaft ihrerseits den spirituellen und apostolischen Reichtum der kirchlichen Bewegungen aufnimmt.» (313) Diese Beispiele zeigen die pastorale Option, die aus der 5. Konferenz ersteht.

9. Ein missionarisches Erwachen und eine kontinentale Mission

Das Schlussdokument trägt der Tatsache Rechnung, dass viele Getaufte ihre Zugehörigkeit zur Kirche nicht dadurch zum Ausdruck bringen, dass sie am Sonntagsgottesdienst teilnehmen. Andere haben bei anderen christlichen Gemeinschaften Antworten auf ihren Durst nach Gott gesucht. Außerdem sind immer mehr Menschen in Lateinamerika und in der Karibik nicht getauft. *All dies hat den missionarischen Geist der Kirche in Lateinamerika und der Karibik infrage gestellt.* Daher bitten wir den Heiligen

Geist, dass er über uns komme und uns jegliche missionarische Lethargie nehme.

Aparecida schlug vor, dass jeder Katholik es auf sich nimmt, dass, wer von Jesus Christus gerufen wird, von ihm als Missionar gesendet wird. Jüngerschaft und Mission sind gleichsam die zwei Seiten ein und derselben Medaille (siehe 136–148). Als Frucht der Begegnung mit dem lebendigen Jesus Christus und indem wir ihm folgen, erleben wir ein missionarisches Erwachen in der Kirche Lateinamerikas und der Karibik. In der Schlussfolgerung des Dokumentes wird dies wie folgt ausgedrückt:

«Diese 5. Generalversammlung möchte – in Erinnerung an das Gebot, hinauszugehen und alle Menschen zu Jüngern zu machen (vgl. Mt 28,19) – die Kirche in Lateinamerika und der Karibik zu einem großartigen missionarischen Impuls aufrütteln. Diese Gnadenstunde dürfen wir nicht ungenutzt verstreichen lassen. Wir brauchen ein neues Pfingsten! Wir müssen hinausgehen und mit den einzelnen Menschen, den Familien, den Gemeinden und den Völkern zusammentreffen, um ihnen zu erzählen und mit ihnen zu teilen, was uns durch die Begegnung mit Jesus Christus geschenkt wurde. Er hat unser Leben mit ‹Sinn›, Wahrheit und Liebe, mit Freude und Hoffnung erfüllt. Wir können nicht passiv abwartend in unseren Kirchenräumen sitzen bleiben, sondern müssen dringend in alle Richtungen eilen und kundtun, dass das Böse und der Tod nicht das letzte Wort behalten.» (548)

Wie bereits erwähnt und um den missionarischen Geist der Ersten zu verlängern, insistiert das Schlussdokument darauf, dass jeder Missionar ein Zeuge ist, dessen Hauptaufgabe nicht so sehr darin besteht, die Gute Nachricht zu «verkünden», sondern darin, seine Erfahrung der Begegnung mit Jesus Christus zu «teilen», die «das Beste ist, was uns in unserem Leben passieren konnte» (29). Das Schlussdokument formuliert dies unter anderen wie folgt:

«Je mehr man sich der Zugehörigkeit zu Christus bewusst wird durch die Gnade und Freude, die aus ihr erwachsen, umso stärker wird auch der Impuls, allen Menschen das Geschenk dieser Begegnung weiterzugeben. Die Sendung beschränkt sich nicht auf ein Programm bzw. ein Projekt, sondern besteht darin, die Erfahrung der Christus-Begegnung mit anderen zu teilen, sie ihnen zu bezeugen und sie von Mensch zu Mensch, von Gemeinde zu Gemeinde, von der Kirche bis an die Grenzen der Erde zu verkündigen (vgl. Apg 1,8).» (145)

Die Neuheit von Aparecida verfolgt einen neuen Weg der Missionierung und das Ziel, das Gottesvolk in den Zustand permanenter Mission zu versetzen (551). Daher muss die Kirche ein geistiger Raum sein, in dem die religiöse Erfahrung und das gemeinschaftliche Leben ermöglicht werden, wie auch eine biblisch-theologische Schule und ein Haus, aus dem alle mit einem tiefen evangelisierenden Engagement heraustreten (226), aus dem jeder Juan Diego mit der Bibel in der Hand und dem Bild der Heiligen Jungfrau heraustritt, um zu evangelisieren, wie es auf dem Triptychon von Aparecida dargestellt ist.

So schließt die 5. Generalversammlung mit dem Beschluss einer großen missionarischen Aktion, einer *Kontinentalen Mission*. Wir lesen in der Schlussbotschaft:

«Am Ende der Versammlung von Aparecida rufen wir in der Kraft des Heiligen Geistes alle unsere Brüder und Schwestern auf, in enger Verbundenheit und mit Begeisterung die Große Kontinentale Mission durchzuführen. Sie soll zu einem neuen Pfingsten werden, das uns besonders dazu antreibt, die Katholiken aufzusuchen, die sich entfernt haben, und all jene, die wenig oder nichts von Jesus Christus wissen, damit wir mit Freude eine Gemeinschaft in der Liebe Gottes, unseres Vaters, werden. Diese Mission soll alle erreichen, alle Bereiche umfassen und dauerhaft sein.»[14]

Was unsere Gemeinden anbelangt, hat die Mission zwei Ziele: einerseits einen qualitativen Sprung zu machen, um ein lebendiges missionarisches Erwachen zu erreichen, das dauerhaft ist. Andererseits zielt die Mission darauf ab, den großen spirituellen und pastoralen, religiösen und menschlichen Reichtum der pastoralen Orientierungen von Aparecida und der Gemeinschaftserfahrung der jüngsten Generalversammlung zu verinnerlichen.

10. Eine pastorale Umkehr

Die Größenordnung der in Aparecida eingegangenen Verpflichtung war so groß, dass sich eine «pastorale Umkehr» aufdrängte, die alle Menschen, Gemeinschaften und Instanzen der Kirche einbeziehen müsste. Dies wird vor allem in den Nummern 365–372 des Schlussdokumentes erläutert, ist aber inhaltlich praktisch in allen Kapiteln enthalten. Hier einige Hauptelemente:

a. Die pastorale Umkehr geht aus einer «festen Entschlossenheit zum missionarischen Tun» hervor. Sie «soll alle kirchlichen Strukturen und alle Pastoralpläne von Diözesen, Pfarreien, Ordensgemeinschaften, Bewegungen und jeder kirchlichen Institution durchdringen. Ausnahmslos jede Gemeinschaft sollte sich mit all ihren Kräften entschieden auf den ständigen Prozess missionarischer Erneuerung einlassen und die morsch gewordenen Strukturen, die der Weitergabe des Glaubens nicht mehr dienen, aufgeben.» (365) Dies bedingt «spirituelle, pastorale und auch institutionelle Reformen» (367).

---

14 Schlussbotschaft der 5. Generalversammlung an die Völker Lateinamerikas und der Karibik. In: Aparecida 2007. Schlussdokument der 5. Generalversammlung des Episkopats von Lateinamerika und der Karibik. 13.–31. Mai 2007, hg. vom Sekretariat der Deutschen Bischofskonferenz. Bonn 2007, 11–20, hier 18.

b. Die pastorale Umkehr erfordert *die Umkehr der Seelsorger*, um «die Spiritualität von Kommunion und Partizipation zu leben», ohne dabei die Tatsache zu vergessen, dass es heute mehr denn je pastoral geboten ist, «Gemeinschaft und Heiligkeit in der Kirche zu bezeugen» (368 und 371).

c. Die pastorale Umkehr setzt die Erneuerung der Pfarrgemeinden (170), der Bewegungen und aller kirchlichen Gemeinschaften und Institutionen voraus, damit sie zu wahren *Schulen der missionarischen* Jünger werden. Das bedeutet, dass es Schulen sein sollen, die es verstehen, zur *Begegnung mit dem lebendigen Christus* zu führen, vor allem, indem sie die Einübung in die geistliche Lesung der Heiligen Schrift, die Lectio divina, lehren (249) und die Einführung in das christliche Leben fordern. Diese sozusagen allgegenwärtigen «Schulen» sollen die Begegnung mit Christus in den liturgischen Feiern neu beleben, insbesondere in der Eucharistie und im Sakrament der Versöhnung (251–254) und der Feier des Tags des Herrn wieder mehr Bedeutung geben (252f.), den Weg zu Ihm öffnen, der in der Liebe zur Gottesmutter zu finden ist (267), den großzügigen Dienst an den Armen, Bedrückten, Kranken und Ausgeschlossenen wecken, deren Rechte wir verteidigen müssen und in denen wir den Herrn finden und ihm dienen (257). In diesen Schulen müssen wir den Reichtum der Volksfrömmigkeit wertschätzen und pflegen (259, 263, 265).

d. Mit dem Prozess der Umkehr, der Bildung, der Gemeinschaft und der Sendung braucht es auch eine *Wiederbelebung der Kategorie «Begegnung»*. Es ist Christus selbst, der uns entgegenkommt, und wir gehen ihm entgegen. Es ist auch die Begegnung unter Geschwistern, denn in der Gemeinschaft mit dem Herrn entsteht die Gemeinschaft unter uns. Da jeder Hirt und Seelsorger den Guten Hirten widerspiegeln muss, liegt es auf der Hand, dass *unsere Pastoral ein Geflecht von Begegnungen* sein muss, die geprägt sind von Einfachheit, Herzlichkeit, Fürsorge, Zuhören und dem Dienst am Mitmenschen.

11. Richtung Zukunft

Die Schlussworte des Dokumentes von Aparecida sind auch eine Zusammenfassung der großen Herausforderungen, die sich unserer Kirche in Lateinamerika und der Karibik stellen und die nur in der Kraft des Heiligen Geistes eine authentische Antwort finden.

«Lassen wir uns also vom Feuer des Geistes wieder anstecken. ‹Hegen wir die innige und tröstliche Freude der Verkündigung des Evangeliums, selbst wenn wir unter Tränen säen sollten. Es sei für uns – wie Johannes den Täufer, für Petrus und Paulus, für die anderen Apostel und die vielen, die sich in bewundernswerter Weise im Lauf der Kirchengeschichte für die Evangelisierung eingesetzt haben – ein innerer Antrieb, den niemand und nichts ersticken kann. Es sei die große Freude unseres als Opfer dargebrachten Lebens. Die Welt von heute, die sowohl in Angst wie in Hoffnung auf der Suche ist, möge die Frohbotschaft nicht aus dem Munde trauriger und mutlos gemachter Verkündiger hören [...], sondern von Dienern des Evangeliums, deren Leben voller Glut ausstrahlt, die als Erste die Freude Christi in sich aufgenommen haben und die entschlossen sind, ihr Leben einzusetzen, damit das Reich Gottes verkündet und die Kirche in das Herz der Welt eingepflanzt werde.›[15]. Lasst uns wieder mit der Courage und Kühnheit der Apostel beginnen.» (552)

«Die heiligste Mutter Maria sei uns allezeit nahe, begleite und stütze uns mit all ihrer Sanftmut und ihrem Verständnis. Sie zeige uns die gebenedeite Frucht ihres Leibes und lehre uns zu antworten, wie sie es im Geheimnis der Verkündigung und der Menschwerdung getan hat. Sie lehre uns, mit Hingabe, Liebe und Dienstbereitschaft aus uns selbst herauszugehen, wie sie es tat, als sie sich zu ihrer Cousine Elisabeth auf den Weg machte. Dann können wir als Pilger unterwegs die Großtaten Gottes verkünden, die er an uns, wie er verheißen, getan hat.» (553)

---

15 *Paul VI.:* Apostolisches Schreiben über die Evangelisierung in der Welt von heute «Evangelii nuntiandi» 80.

II. Papst Franziskus und Aparecida

Bei meinen Ausführungen über die Schlussfolgerungen der 5. Generalversammlung des Episkopats von Lateinamerika, die in Aparecida stattfand, haben Sie sicher Überschneidungen der Schlussfolgerungen dieser Versammlung mit der pastoralen Führung festgestellt, die Papst Franziskus als Hirten der Weltkirche charakterisiert. In diesem letzten Teil meiner Vorlesung möchte ich kurz auf zwei Aspekte zu sprechen kommen: Der Erste betrifft die Teilnahme von Kardinal Jorge Maria Bergoglio an dieser Konferenz. Der Zweite zeigt einige zentrale Inhalte auf, die sich decken.

1. Die Teilnahme von Kardinal Jorge Mario Bergoglio in Aparecida

Die Versammlung von Aparecida wollte ihre Schlussfolgerungen ohne Hilfe eines vorgefassten Dokumentes erstellen. Um die Schreibarbeit aller Beteiligten zu vereinfachen, wurden Kommissionen gebildet. Der Name des Kardinals von Buenos Aires befand sich unter den Vorschlägen für die wichtigste Kommission: die Redaktion. Er wurde nicht nur gewählt, sondern auch zum Koordinator bestellt.

Die Kommission befasste sich mit drei entscheidenden Aufgaben, um die Hoffnungen zu erfüllen, die auf die 5. Versammlung gesetzt worden waren. Bei der Ersten ging es darum, die Beiträge der ersten Tage zu ordnen und zusammenzufassen. Diese Texte befassten sich mit den Herausforderungen, die die allgemeine Versammlung behandeln musste. Aus ihnen entstanden die Unterthemen, die die Versammlung auf dem Weg zum zentralen Thema entwickelte: «Jünger und Missionare Jesu Christi – damit unsere Völker in Ihm das Leben haben». Jedes Thema sollte von einem Unterausschuss behandelt werden. Die Schlussfolgerungen dieser Arbeitsgruppen würden dann in die verschiedenen Kapitel des Schlussdokumentes einfließen.

Die zweite Aufgabe bestand darin, die Schlussfolgerungen der Kommissionen und Unterausschüsse zu sammeln und zu sichten, um Wiederholungen zu vermeiden und eine kohärente und organische Einheit zu bilden und den Entwurf des Schlussdokumentes zu erstellen. Diese Aufgabe bestand aus zwei aufeinanderfolgenden Phasen, da die erste Zusammenfassung in Vollversammlungen besprochen und in den Arbeitsgruppen, die die Bestandteile des Schlussentwurfs vorgeschlagen hatten, verbessert wurde.

Im Rahmen der dritten Aufgabe wurde das Ergebnis der Abstimmung über den zweiten Entwurf der abschließenden Schlussfolgerungen gesammelt. Jedes Versammlungsmitglied mit Mitbestimmungsrecht stimmte Abschnitt für Abschnitt über den vorgelegten Entwurf ab, indem es in jedem Fall angab, ob es den betreffenden Abschnitt genehmigte, ablehnte oder mit einer allfälligen Änderung genehmigte. Es gab 1200 Änderungsvorschläge. Kardinal Bergoglio schlug eine Methode vor, wonach die Kommission alle Änderungen, die genehmigt worden waren, in weniger als 30 Stunden integrieren konnte.

Ein wesentlicher Beitrag des Kardinals von Buenos Aires wurde veröffentlicht. Er verteidigte einen grundlegenden Vorschlag seiner Kommission. Diese hatte sich für die Anwendung der Methode «Sehen, Urteilen, Handeln» entschieden, nicht aufgrund von rein soziologischen Feststellungen und Diagnosen, sondern auf der Basis der gläubigen Vorstellung desjenigen, der ein Jünger Jesu Christi ist, und die Spur und das Wirken Gottes in der Realität findet. Seine Begründung, die von der Versammlung genehmigt wurde und die Perspektive der Schlussfolgerungen von Aparecida bestimmte, finden wir im Apostolischen Schreiben «Evangelii gaudium». Dort lesen wir:

«Andererseits würde uns auch eine rein soziologische Sicht nicht nützen, die den Anspruch erhebt, die ganze Wirklichkeit mit ihrer Methodologie in einer nur hypothetisch neutralen und unpersönlichen Weise zu umfassen. Was ich vorzulegen gedenke, geht vielmehr in die Richtung einer Unterscheidung anhand des Evangeliums. Es ist die Sicht des missionarischen

Jüngers, die ‹lebt vom Licht und von der Kraft des Heiligen Geistes›.» (EG 50)[16]

Plötzlich tauchen Fragen auf. Welches waren die Beiträge des Kardinals von Buenos Aires in seiner eigenen Kommission? Und welches waren in der Schlussphase die vorgeschlagenen Änderungen, denen er zustimmte und die er ablehnte? Auf der anderen Seite möchten wir – angesichts der Überschneidungen, die wir zwischen dem pastoralen Impuls, den Papst Franziskus der Kirche gibt, und den Schlussfolgerungen von Aparecida feststellen – wissen, welche Schlussfolgerungen von Aparecida von Kardinal Bergoglio aufgrund seiner Erfahrungen und seines pastoralen Wissens vorgeschlagen und welche von ihm übernommen wurden. Mit diesen Themen könnte sich eine Doktorarbeit befassen. Darüber hinaus sollten uns solche Überschneidungen nicht erstaunen, da der gleiche Heilige Geist, der Papst Franziskus inspiriert, schon die Mitglieder der Versammlung von Aparecida beseelte.

2. Schlussfolgerungen von Aparecida, die sich in der pastoralen Führung von Papst Franziskus wiederfinden

Das wichtigste Dokument, das wir vom Heiligen Vater kennen, ist sein Apostolisches Schreiben «Evangelii gaudium». Es enthält wahrscheinlich das pastorale Programm seines Pontifikats. Dieses Dokument dient mir als Hauptreferenz.

Von der Nähe und der Begegnung

Wer das Schreiben aufmerksam liest, ist vom umgangssprachlichen Ton des päpstlichen Dokumentes überrascht. Wir waren eine andere Art von Dokumenten gewöhnt, die nicht so persönlich waren. Über sechzig Mal schreibt Papst Franziskus in der ersten

---

16 Zitationen aus dem nachsynodalen apostolischen Schreiben «Evangelii gaudium: Apostolisches Schreiben über die Verkündigung des Evangeliums in der Welt von heute (24. November 2013)» werden im Text mit EG und Nummer angegeben.

Person. Er vertraut uns persönliche Erfahrungen und seine Überzeugungen, Hoffnungen, Gefühle, Wünsche, Freuden, Träume und einige wenige Male auch Ängste, Schmerzen und Befürchtungen an. Auf der anderen Seite fordert er uns auf, unterbreitet uns Vorschläge, motiviert uns, wagt es, von uns zu verlangen, uns zu sagen, dass er Themen und Erfahrungen teilen und auszeichnen will.

Im selben Schreiben erklärt er uns, dass die Haltung der Nähe, der Einfachheit und der Demut aus einem Herzen kommt, das «ein geistliches Wohlgefallen daran findet, nahe am Leben der Menschen zu sein, bis zu dem Punkt, an dem man entdeckt, dass dies eine Quelle höherer Freude ist» (EG 268), da «Jesus selbst das Vorbild dieser Entscheidung zur Verkündigung des Evangeliums ist, die uns in das Herz des Volkes hineinführt» (EG 269). Aber um ein Volk zu werden, müssen wir «eine Kultur der Begegnung in einer vielgestaltigen Harmonie entfalten lernen» (EG 220). Seine Einladung, das Leben mit Menschen zu teilen und sich großzügig hinzugeben, schließt er mit einigen ebenso einfachen wie bedeutsamen Worten: «Es ist schön, gläubiges Volk Gottes zu sein!» (EG 274).

In Wirklichkeit sucht der Papst in diesem Dokument den Dialog mit uns. Er setzt eine menschliche und gleichzeitig evangelische Kategorie in die Praxis um, die den Dialog und den pastoralen Dienst dynamisch und effizient macht: die Kategorie «Begegnung».

So, wie das Dokument von Aparecida auf der Qualität unserer pastoralen Beziehungen besteht und die Begegnung von Jesus Christus mit uns verlängert, teilt Papst Franziskus uns bereits am Anfang des «Evangelii gaudium» seinen größten Wunsch mit, der als Ansatz für den pastoralen Wandel dient, den er der Kirche vorschlägt:

«Ich lade jeden Christen ein, gleich an welchem Ort und in welcher Lage er sich befindet, noch heute seine persönliche Begegnung mit Jesus Christus zu erneuern oder zumindest den Entschluss zu fassen, sich von ihm finden zu lassen, ihn jeden Tag ohne Unterlass zu suchen.» (EG 3)

Es ist der gleiche Ansatz wie im Schlussdokument von Aparecida. Dieses fordert mit Nachdruck: Jünger-Missionare Jesu Christi sein und bilden, durch eine lebendige Begegnung mit ihm. Deshalb erstaunt es nicht, dass beide Dokumente eine Aussage von Papst Benedikt XVI. zu Beginn seiner ersten Enzyklika «Deus caritas est» übernehmen:

> «Am Anfang des Christseins steht nicht ein ethischer Entschluss oder eine große Idee, sondern die Begegnung mit einem Ereignis, einer Person, die unserem Leben einen neuen Horizont und damit seine entscheidende Richtung gibt.»[17] (siehe auch EG 7; Aparecida 2007, 12)

Was die Beziehung von Jesus Christus zu seinen Jüngern charakterisiert, nämlich hervorzutreten, um ihm entgegenzugehen, sollte auch die Qualität der Beziehungen zwischen den Hirten und Seelsorgern mit den Menschen und Gemeinschaften prägen. Papst Franziskus strahlt diesen Ansatz mit seiner Nähe, seinen Worten und seinen Gesten aus. In seinem ersten Apostolischen Schreiben äußert er sich in den Nummern 87 bis 92 über die Qualität unserer Begegnungen und lädt uns ein,

> «die Herausforderung» zu spüren, «die ‹Mystik› zu entdecken und weiterzugeben, die darin liegt, zusammen zu leben, uns unter die anderen zu mischen, einander zu begegnen, uns in den Armen zu halten, uns anzulehnen, teilzuhaben an dieser etwas chaotischen Menge, die sich in eine wahre Erfahrung von Brüderlichkeit verwandeln kann, in eine solidarische Karawane, in eine heilige Wallfahrt. Auf diese Weise werden sich die größeren Möglichkeiten der Kommunikation als größere Möglichkeiten

---

17 *Benedikt XVI.:* Enzyklika «Deus caritas est» 1.

der Begegnung und der Solidarität zwischen allen erweisen. Wenn wir diesen Weg verfolgen könnten, wäre das etwas sehr Gutes, sehr Heilsames, sehr Befreiendes, eine große Quelle der Hoffnung!» (EG 87).

Dann nimmt er seine Lehre von Rio de Janeiro wieder auf:

«Der Sohn Gottes hat uns in seiner Inkarnation zur Revolution der zärtlichen Liebe eingeladen.» (EG 88)

Seine Bewertung der persönlichen Begegnungen im pastoralen Dienst führt dazu, sich negativ über die Menschen zu äußern, die die Gläubigen in Pfarrämtern als Beamte, Zollbeamte, Kontrolleure und nicht als Förderer der Gnade betreuen, gegen die Bischöfe mit Prinzenmentalität und gegen Priester, deren Beichtstuhl einer Folterkammer und nicht dem Ort der Barmherzigkeit des Herrn gleicht.

Das Beispiel und die Orientierung des Papstes helfen uns, die Vorschläge der Versammlung von Aparecida in die Praxis umzusetzen:

«Wir werden das Leben kraftvoll verkündigen können, wenn wir es in der entsprechenden Weise tun, mit der Haltung des Meisters, und die Eucharistiefeier stets als Quelle und Höhepunkt jeglicher Missionstätigkeit betrachten. Wir bitten den Heiligen Geist, uns beizustehen, damit wir den Menschen ganz nahe sein können, und zwar – wie Jesus – durch liebevolle Zuwendung, aufmerksames Hinhören, Bescheidenheit, Solidarität, Mitleiden, Dialogbereitschaft, Versöhnung, Engagement für soziale Gerechtigkeit und durch die Fähigkeit zum Teilen.» (Aparecida 2007, 363)

Ohne auf andere wichtige Erwägungen einzugehen, möchte ich Ihnen vorschlagen, dass wir uns Gedanken über den starken missionarischen Fokus machen, den wir im Apostolischen Schreiben finden. Dies war einer der Weichenstellungen der Versammlung von Aparecida. Die missionarische Dimension der christlichen Berufung war eingeschlafen. Deshalb insistiert Aparecida darauf, dass jeder Jünger eine missionarische Berufung hat – nicht nur die Priester, die Mönche von missionarischen Kongregationen und die Nonnen. Entsprechend begann die Versammlung mit der Erinnerung, dass wir «Jünger und Missionare» sind, und zog die beiden Wörter im weiteren Verlauf der Beratungen zusammen, da es sich nicht um zwei verschiedene Berufungen handelte, sondern nur um eine einzige: «Jünger-Missionar sein». Auf der anderen Seite wollte Aparecida, dass die missionarische Sendung das ganze Leben der Kirche erfasst. Da steht:

> «Die feste Entschlossenheit zum missionarischen Tun soll alle kirchlichen Strukturen und alle Pastoralpläne von Diözesen, Pfarreien, Ordensgemeinschaften, Bewegungen und jeder kirchlichen Institution durchdringen. Ausnahmslos jede Gemeinschaft sollte sich mit all ihren Kräften entschieden auf den ständigen Prozess missionarischer Erneuerung einlassen und die morsch gewordenen Strukturen, die der Weitergabe des Glaubens nicht dienen, aufgeben.» (Aparecida 2007, 365)

Papst Franziskus entwickelt in «Evangelii gaudium» die Ausbildung der Jünger, die von der Begegnung mit Jesus Christus ausgeht, nicht weiter, wie dies im Schlussdokument von Aparecida der Fall ist. Er setzt dies voraus und gemahnt daran. In Übereinstimmung mit der Linie von Aparecida schlägt er mit ungewohnter Kraft und Überzeugung vor, dass die gesamte Kirche eine missionarische Gemeinschaft, eine «Kirche im Aufbruch» sein soll.

In Nummer 15 des Apostolischen Schreibens nimmt er die Worte von Papst Johannes Paul II. und der Versammlung von Aparecida auf. Er schreibt:

«Johannes Paul II. hat uns ans Herz gelegt anzuerkennen, dass ‹die Kraft nicht verloren gehen darf für die Verkündigung› an jene, die fern sind von Christus, denn dies ist ‹die erste Aufgabe der Kirche›. ‹Die Missionstätigkeit stellt auch heute noch die größte Herausforderung für die Kirche dar›, und so ‹muss das missionarische Anliegen das erste sein›. Was würde geschehen, wenn wir diese Worte wirklich ernst nehmen würden? Wir würden einfach erkennen, dass das missionarische Handeln das Paradigma für alles Wirken der Kirche ist. Auf dieser Linie haben die lateinamerikanischen Bischöfe bekräftigt: ‹Wir können nicht passiv abwartend in unseren Kirchenräumen sitzen bleiben›, und die Notwendigkeit betont, ‹von einer rein bewahrenden Pastoral zu einer entschieden missionarischen Pastoral überzugehen›.» (EG 15, siehe auch Aparecida 2007, 548 und 370)

Er rechtfertigt die «missionarische Dynamik», die er in der Kirche auslösen will, und den Ausdruck «Kirche im Aufbruch», indem er uns an Abrahams Aufbruch aus seinem Land, an den Aufbruch von Ägypten über das Rote Meer, den Auftrag von Jesus Christus, bis ans Ende der Welt zu gehen und in allen Dörfern Jünger zu machen, und an den Aufbruch aus dem Abendmahlsaal an Pfingsten erinnert. Er besteht darauf, dass «wir alle zu diesem neuen missionarischen ‹Aufbruch› berufen sind», um «den Mut zu haben, alle Randgebiete zu erreichen, die das Licht des Evangeliums brauchen». (EG 20)

Unmöglich kann man eine seiner ersten Aussagen vergessen, als er uns sagte, dass Jesus Christus an die Türe unserer Herzen klopfte. Wir dachten, er tue es, um einzutreten. Der Papst jedoch sagte uns, dass er klopfte, um aufzubrechen. Deshalb beschreibt er die Kirche im Aufbruch als «eine Kirche mit offenen Türen» (EG 46), als die «Gemeinschaft der missionarischen Jünger, die die

Initiative ergreifen, die sich einbringen, die begleiten, die Frucht bringen und feiern» (EG 24), und er träumt «von einer missionarischen Entscheidung, die fähig ist, alles zu verwandeln, damit die Gewohnheiten, die Stile, die Zeitpläne, der Sprachgebrauch und jede kirchliche Struktur ein Kanal werden, der mehr der Evangelisierung der heutigen Welt als der Selbstbewahrung dient» (EG 27). Im Schreiben erinnert er uns an seine Worte in Argentinien:

«Brechen wir auf, gehen wir hinaus, um allen das Leben Jesu Christi anzubieten! Ich wiederhole hier für die ganze Kirche, was ich viele Male den Priestern und Laien von Buenos Aires gesagt habe: Mir ist eine ‹verbeulte› Kirche, die verletzt und beschmutzt ist, weil sie auf die Straßen hinausgegangen ist, lieber als eine Kirche, die aufgrund ihrer Verschlossenheit und ihrer Bequemlichkeit, sich an die eigenen Sicherheiten zu klammern, krank ist. Ich will keine Kirche, die darum besorgt ist, der Mittelpunkt zu sein, und schließlich in einer Anhäufung von fixen Ideen und Streitigkeiten verstrickt ist.» (EG 49)

Er schloss dieses Thema mit einem Satz, den wir in Nummer 261 des Schreibens finden:

«[Ich rufe] einmal mehr den Heiligen Geist an; ich bitte ihn zu kommen und die Kirche zu erneuern, aufzurütteln, anzutreiben, dass sie kühn aus sich herausgeht, um allen Völkern das Evangelium zu verkünden.» (EG 261)

Diese starke missionarische Priorität ist nach Einschätzung von Papst Franziskus ein echter missionarischer «Wandel» der Kirche. Ihm widmet er das ganze erste Kapitel des Apostolischen Schreibens. Er nennt ihn auch eine unaufschiebbare «Erneuerung» der Kirche (vgl. EG 27, 51, 127), die er als «Reform» der missionarischen Kirche im Aufbruch bezeichnet (vgl. EG 17, 27, 30). Der Theologe hatte nicht unrecht, als er erklärte, dass diese Eigenschaft der Kirche, eine «Kirche im Aufbruch» zu sein, das Bild der

Kirche, das uns das Zweite Vatikanische Konzil lieferte, verdeutlicht und in gewisser Weise ergänzt.

Mit der Freude der Jünger-Missionare

Ein letztes Wort. Während Aparecida von Beginn des Schlussdokumentes weg die Freude des Missionars unterstreicht, indem es diesen als Jünger Jesu Christi beschreibt, der «überströmt von Dankbarkeit und Freude» die Erfahrung der Begegnung mit ihm teilen will, widmet Papst Franziskus der Freude des Evangeliums das gesamte Apostolische Schreiben. So schreibt er bereits im ersten Satz: «Die Freude des Evangeliums erfüllt das Herz und das gesamte Leben derer, die Jesus begegnen [...] Mit Jesus Christus kommt immer – und immer wieder – die Freude.» Damit lädt er uns «zu einer neuen Etappe der Evangelisierung» ein, «die von dieser Freude geprägt ist.» (EG 1)

Wir wollen mit Papst Franziskus einen tiefen Herzenswunsch teilen:

«Wie wünschte ich die richtigen Worte zu finden, um zu einer Etappe der Evangelisierung zu ermutigen, die mehr Eifer, Freude, Großzügigkeit, Kühnheit aufweist, die ganz von Liebe erfüllt ist und von einem Leben, das ansteckend wirkt!» (EG 261)

In Bezug auf die Beziehung von Papst Benedikt zu Aparecida ist klar, dass das Konklave – im Bewusstsein darum oder wohl eher unbeabsichtigt – einen Hirten der Weltkirche wählte, der sich mit den Schlussfolgerungen einer Bischofskonferenz identifizierte, die bereits am Anfang die Eröffnungsansprache von Papst Benedikt XVI. sowie in allen Tagungen die pastoralen Erfahrungen von Bischöfen, Priestern, Diakonen und Laien sowie von Mitgliedern anderer Religionsgemeinschaften in Lateinamerika und der Karibik aufnahm. Aparecida war ein pastoraler Austausch von großer Reife und Verantwortung, ein großer Schritt der Kirche, den eine Versammlung machte, die mit dem Geist der Gemeinschaft und Partizipation arbeitete, im Schatten eines Marienheiligtums, des

Heiligtums Unserer Lieben Frau von Aparecida, zu dem die Pilger des Gottesvolkes in Scharen eilten. Der weise und allmächtige Herr der Geschichte wollte, dass die Kirche von einem Papst geleitet wird, der die Schlussfolgerungen von Aparecida in seinem Geist, in seinen Worten und in seinem Herzen trägt.

ANHANG

Der CELAM und die Generalversammlungen des Epikopats von Lateinamerika und der Karibik

Der Consejo Episcopal Latinoamericano (CELAM, Lateinamerikanischer Bischofsrat), der die Generalversammlungen des Episkopats von Lateinamerika und der Karibik durchführt, ist die erste kontinentale Organisation von Bischöfen der Kirche.

Der Bischofsrat ist eine Organisation der Gemeinschaft, des Meinungs- und Gedankenaustausches, der Zusammenarbeit und der Dienste, ein Zeichen der kollegialen Zuneigung in Gemeinschaft mit der Weltkirche und dem römischen Papst, der das Prinzip der bischöflichen Kollegialität, die Gemeinschaft und die Kommunikation zwischen den 24 Bischofskonferenzen von Lateinamerika und der Karibik fördert. Seine Funktion ist es, der Kirche von Lateinamerika und der Karibik zu dienen, sie zu beleben und bei der Reflexion und dem pastoralen Wirken zu helfen. Aus diesen Aufgaben entsteht der Geist der Solidarität und der kirchlichen Gemeinschaft der Organisation, in der die Bischofskonferenzen vertreten sind durch ihre eigenen Präsidenten und einen Delegierten, den jede Konferenz wählt.

Der CELAM hat die Mission, die der Kirche von Lateinamerika und der Karibik gemeinsamen Probleme zu untersuchen, Lösungen zu suchen, die Aktivitäten der katholischen Kirche zu koordinieren, Initiativen von gemeinsamem Interesse zu fördern und zu unterstützen, die Generalversammlungen des lateinamerikanischen Episkopats vorzubereiten, wenn sie vom Heiligen Stuhl approbiert sind und einberufen werden, sowie andere ihm übertragene Aufgaben auszuführen. Der Bischofsrat übt seine Funktion über einen Generalsekretär und seine halbjährlichen ordentlichen Versammlungen aus.

Die Länder Lateinamerikas und der Karibik haben aufgrund ihrer Geschichte, ihres christlichen, vorwiegend katholischen Hintergrunds, ihrer Kulturen, ihrer Sprachen und ihrer spanischen und indigenen Herkunft mit wenigen Ausnahmen viele Gemeinsamkeiten. Gleichzeitig stehen sie auch vor vielen gemeinsamen Herausforderungen. Dies erleichtert den ständigen und nicht nur gelegentlichen Austausch zwischen den einzelnen Kirchen, die gemeinsame Überlegung, das Urteilsvermögen in Bezug auf die Zeichen der Zeit und die Ausarbeitung von pastoralen Orientierungen und Plänen, vor allem über den CELAM.

Die Generalversammlung wählt alle vier Jahre den Präsidenten des CELAM sowie die Vorsteher der verschiedenen Departemente, je nach Dimension des Lebens, der Gemeinschaft und Aufgabe der Kirche. Die Wahlversammlung übergibt dem Präsidium und den Departementen die vorrangigen Themen, die in den vier Jahren zu behandeln sind (in regionalen und kontinentalen Seminaren, in Kongressen, im Institut für pastorale Theologie und im pastoralen Bibelzentrum des CELAM, in Publikationen und in Fachgremien), und überprüft deren Ausführung. Diese Arbeit findet hauptsächlich an den Generalversammlungen des lateinamerikanischen Episkopats statt, die etwa alle zwölf Jahre stattfinden.

Die vier wichtigsten Generalkonferenzen

a. *Die erste fand 1955 in Rio de Janeiro* statt. Ihre Ziele waren die Stärkung des Glaubens, die Überwindung des Mangels an Berufungen, die religiöse Erziehung, das Engagement im sozialen Bereich und eine größere Beachtung der indigenen Bevölkerung. Diese Konferenz gab den Ausschlag für die Gründung des CELAM, der von Papst Pius XII. am 2. November des gleichen Jahres genehmigt wurde.

b. *Die zweite Generalkonferenz fand 1968 in Medellín statt.* Sie wurde von Papst Paul VI. eröffnet. Hauptaufgabe war die Anwendung des Zweiten Vatikanischen Konzils. Thema war «Die aktuelle Umwandlung der Kirche Lateinamerikas im Lichte des Konzils». Vorgeschlagen wurde, die Enzyklika «Populorum progressio» umzusetzen, um die Gesamtentwicklung des Menschen zu fördern, die «der Weg von weniger menschlichen zu menschlicheren Lebensbedingungen» sein sollte. Die neue Orientierung sollte die soziale Mission der Kirche auf einem von Ungleichheit und Armut geprägten Kontinent erfüllen, in dem gegen die «Strukturen der Sünde» gekämpft werden musste. Die zweite Konferenz trieb die Präsenz und Aktivität der Laien und der christlichen Basisgemeinden zur Wandlung der Welt an.

c. *Die dritte Konferenz fand 1979 in Puebla de los Ángeles statt* und wurde von Papst Johannes Paul II. mit einer berühmten Rede im Zusammenhang mit dem Wachstum der Befreiungstheologie eröffnet. Sie wurde mit dem Zweck einberufen, die Orientierungen und die Inspiration des nachsynodalen Apostolischen Schreibens «Evangelii nuntiandi» aufzunehmen und anzuwenden. Die Versammlung wird für ihre ekklesiologische Inspiration und ihren Ansatz zur Gemeinschaft und Partizipation anerkannt, für ihre historische Perspektive und ihr Interesse an einer Vertiefung der lateinamerikanischen Identität; für ihre Sorge um die Kultur, deren wichtigstes Substrat katholisch ist, und für ihre anthropologischen Grundlagen; ebenso für die Entwicklung der Mariologie, für die Übernahme der evangelischen Option für die Armen und für die Würdigung der Volksreligiosität.

d. *Die vierte Generalkonferenz fand 1992 in Santo Domingo* zum Gedenken an 500 Jahre Evangelisierung in Lateinamerika statt. Hauptthemen waren die neue Evangelisierung, die Förderung des Menschen und die christliche Kultur. Die Konferenz proklamierte vor allem die Würde des Menschen und die Botschaft Jesu Christi als Glaubenszentrum und Grundlage der Solidarität und Versöhnung. Sie ratifizierte die Verpflichtung für die Armen und behandelte neue Themen wie die Evangelisierung der Stadt, die Verteidigung des Lebens, die Aufgabe der Frau, die Funktion der kirchlichen Bewegungen und das Problem des Anwachsens der Sekten. Überschattet wurde die Konferenz von einem unberechtigten Misstrauen gegenüber dem CELAM, was viele Bischöfe von der Umsetzung der wertvollen Schlussfolgerungen in die Praxis abhielt.

Die Generalkonferenzen in Beziehung zu anderen Bischofsversammlungen – Unterscheidende Merkmale.

Der CELAM verwandelte sich mit der Zeit in eine Familie von bischöflichen Konferenzen, die periodisch innerhalb der Generalversammlungen des Episkopats stattfanden. Trotzdem stand nach der außerordentlichen Versammlung der Bischofssynode für ganz Amerika eine Frage im Raum: Würde es eine fünfte Generalversammlung für unsere Länder geben, oder war die Konferenz von Santo Domingo mit ihren bekannten Problemen die letzte ihrer Art, und würden in Zukunft nur noch außerordentliche Versammlungen der Bischofssynode für alle Länder Lateinamerikas und der Karibik stattfinden? Kardinäle, die diese Lösung befürworteten, gab es genug.

Im Unterschied zu den Synodalversammlungen kommt die Initiative für die Generalkonferenzen von den Bischofskonferenzen. Diese schlagen dem Papst ein Thema vor, und die Organisation liegt in der Hand des CELAM. Papst Johannes Paul II. bat uns in Würdigung unserer Generalkonferenzen mit ihren eigenen Merkmalen ausdrücklich, diese Form der bischöflichen Begegnung beizubehalten, da sie aus unseren Reihen entstehe und die Gemeinschaft und Zusammenarbeit unter den Bischofskonferenzen unserer Länder charakterisiere.

Eine weitere Eigenschaft dieser Konferenzen bezieht sich auf die pastoralen Orientierungen. Sie sind Ausdruck des bischöflichen Dienstes. So wollte es Papst Benedikt XVI., als wir ihm das Schlussdokument von Aparecida vorlegten. Er entschied sich da für, das Dokument nicht zu approbieren, damit es ein Dokument des bischöflichen Dienstes und nicht des Päpstlichen Lehramtes bliebe. Trotzdem freute er sich über das Echo seiner Eröffnungsansprache. Und obwohl er nicht mehr Beiträge beigesteuert hatte, sprach er Ende desselben Jahres in seiner traditionellen Rede an die Römische Kurie über das Dokument, das «wir in Aparecida erarbeitet haben»: er und wir.

Als immer noch einige am Heiligen Stuhl daran zweifelten, ob diese Generalversammlungen des Episkopats weiterhin durchgeführt werden sollten oder außerordentlichen Bischofskonferenzen weichen sollten, ermutigte uns Kardinal José Saraiva Martins, der Präfekt der Kongregation für die Selig- und Heiligsprechungsprozesse, und erklärte, dass die katholische Kirche mit dieser Art von bischöflichen Begegnungen den Synodalversammlungen der orthodoxen Kirchen die Türen offen halten würde, wenn es zur erwünschten Verbindung mit ihnen käme.

Gerhard Ludwig Kardinal Müller

Die Gottesfrage – heute[1]

Ein angesehener Philosoph der Gegenwart, Volker Gerhardt von der Humboldt-Universität Berlin, hat vor Kurzem das Projekt einer «rationalen Theologie» vorgelegt. Sein Buch trägt den bezeichnenden Titel: «Der Sinn des Sinns. Versuch über das Göttliche.»[2] Es geht darum, schon im Vorfeld des geoffenbarten Glaubens philosophisch die Rationalität des natürlichen Glaubens an die Existenz Gottes aufzuweisen. Von der Analyse des Selbstbewusstseins, das vom Weltbewusstsein nicht zu trennen ist, kommt er zu dem bedenkenswerten Ergebnis:

«Solange der Mensch sich als Person begreift, versteht er die Welt, die ihn und seinesgleichen möglich macht. Es ist sein Selbstverständnis, das ihn auf das Weltverständnis rechnen lässt. Sofern er sich darin nicht überschätzt, hat er allen Grund, die ihn und alles andere umfassende Welt, in Anerkennung ihrer ungeheuerlichen Vielfalt und Größe, ihrer Schönheit und Schrecken sowie in ihrer mit jedem Wort und jeder Tat in Anspruch genommenen Möglichkeiten, ‹göttlich› zu nennen. Wer sich unter diesen Bedingungen nicht scheut, trotz allem an sich selbst zu glauben, hat einen guten Grund, im Göttlichen an Gott zu glauben.»[3]

---

1 Das vorliegende Referat wurde 6. Oktober 2016 im Rahmen der Otto-Karrer-Vorlesung in der Hofkirche in Luzern gehalten.

2 *Gerhardt, Volker:* Der Sinn des Sinns. Versuch über das Göttliche. Berlin: Beck, ²2015.

3 A. a. O. 340.

Etwas süffisant erzählt Volker Gerhardt in der Einleitung seines Buches, dass der tonangebende Professor der Philosophie an einer großen deutschen Universität den Studenten im ersten Semester autoritativ und alternativlos darzulegen pflegte, dass Gott *heute* kein Gegenstand der Philosophie mehr sei. Er bediente sich des Nietzsche-Wortes vom «Tod Gottes», um definitiv zu belegen, dass man sich mit einem nicht existierenden Wesen nicht rational befassen könne. Während seines großen Auftrittes war aber wohl dem verehrten Herrn Kollegen die Tatsache nicht präsent, dass Nietzsches Wort vom Tod Gottes nicht die Feststellung eines neutralen Forschungsergebnisses ist. Darin zeigt sich vielmehr die Erschütterung des Nihilismus, der unserem Dasein allen Halt und jede Richtung nimmt. Inzwischen habe besagter Professor jedoch erkannt, dass die Frage nach Gott solange nicht totzukriegen sei, wie sich Menschen in ihrer fragilen Existenz mit dem Sinn ihres individuellen Daseins und des Daseins der ganzen Menschheit, deren Mitglied jeder von uns ist, beschäftigen.

Gott ist also ein lohnenswertes und unausweichliches Thema, das mit der Frage nach mir selbst verbunden ist, ob ich nun an ihn glaube, seine Existenz atheistisch leugne oder skeptisch an Gottes Interesse an mir zweifle.

Völlig abwegig wäre es von vornherein, mit naturwissenschaftlichen Methoden, also *more geometrico*, die Existenz eines Dinges oder lebendigen Wesens jenseits der sinnlichen und erscheinenden Welt als Teil ebendieser Welt beweisen oder widerlegen zu wollen. Denn Gott gehört *per definitionem* nicht zum Universum. Er ist weder ein Teil der empirischen und phänomenalen Welt noch eine immanente Wirkkraft in ihr, sondern ihr transzendenter Grund. Es gilt vielmehr zu zeigen, dass im Bezug des menschlichen Geistes auf das Eine und Ganze der Welt die Frage nach dem transzendenten Ursprung und Ziel von Mensch und Welt *sinn-voll* und damit *vernünftig* ist.

Den Sinn des Ganzen in seinem transzendenten Grund zu entdecken heißt nicht, dazu verurteilt zu sein, ihn erfinden zu müssen. Wie sollte uns vergänglichen Wesen dies möglich sein?

Aus dem Glauben an Gott ergibt sich eine andere Konsequenz: Wir müssen uns nicht rechtfertigen, dass es uns überhaupt gibt und dass wir anderen den Platz wegnehmen oder als Kinder, Kranke und Greise ihnen zur Last fallen. Es ist vielmehr so, dass Gott es rechtfertigt, dass es mich gibt und ich der bin, der ich bin. Sich also für sein Dasein zu entschuldigen, ist eine Beleidigung Gottes. Im Glauben an den gütigen und barmherzigen Gott schwindet das Gefühl, dass alles sinnlos und vergebens sei. Der Apostel drückt dies so aus: «Als aber die Güte und Menschenfreundlichkeit Gottes, unseres Retters, erschien, hat er uns gerettet – nicht weil wir Werke vollbracht hätten, die uns gerecht machen können, sondern aufgrund seines Erbarmens – durch das Bad der Wiedergeburt und der Erneuerung im Heiligen Geist» (Titus 3,4f.).

Die atheistische Überzeugung, dass die Geistesgeschichte und der atemberaubende Fortschritt der Naturwissenschaft und Technik sowie der globalen Digitalisierung des Wissens mit innerer Notwendigkeit in den restlosen Immanentismus und Säkularismus führe, widerspricht der Tatsache, dass der Mensch sich den existenziellen Fragen nach seinem Woher und Wohin immer neu stellen muss und will. Die Frage nach dem Sinn von Sein und dem Ziel unserer Existenz kann darum vom Positivismus nicht als sinnlos abgewiesen und deshalb auch niemals zum Schweigen gebracht werden.[4]

Der Philosoph Robert Spaemann stellt in seinem Buch «Der letzte Gottesbeweis» fest:

«Von den Wissenschaften wurde bisher kein einziges ernsthaftes Argument gegen das Gerücht von Gott vorgebracht, sondern nur von der sogenannten wissenschaftlichen Weltanschauung, dem Szientismus, also dem, was Wittgenstein den Aberglauben

---

4   Eine grundlegende Analyse der geistigen und religiösen Situation der Zeit bietet *Taylor, Charles:* Ein säkulares Zeitalter, aus dem Engl. von Joachim Schulte. Frankfurt a. M.: Suhrkamp, 2009.

der Moderne genannt hat. Die neuzeitliche Wissenschaft ist Bedingungsforschung. Sie fragt nicht, was etwas ist und warum es ist, sondern sie fragt, was die Bedingungen seines Entstehens sind. Sein, Selbstsein aber ist Emanzipation von den Entstehungsbedingungen. Und das Unbedingte, also Gott, kann per definitionem innerhalb einer innerweltlichen Bedingungsforschung nicht vorkommen, so wie der Projektor im Film [...] Die Alternative lautet also nicht: wissenschaftliche Erklärbarkeit der Welt oder Gottesglaube, sondern nur so: Verzicht auf das Verstehen von Welt, Resignation oder Gottesglaube [...] Der Glaube an Gott ist der Glaube an einen Grund der Welt, der selbst nicht grundlos, also irrational ist, sondern ‹Licht›, für sich selbst durchsichtig und so sein eigener Grund.»[5]

Es geht hier nicht um die fachphilosophische Frage, ob dem transzendentalen oder ontologischen Zugang der Vorrang einzuräumen sei oder ob bei der Untrennbarkeit von Selbsttranszendenz und Welttranszendenz sich der Vernunft im Erkenntnisakt eine Synthese der beiden Ausgangspunkte empfiehlt. Diese beiden Ansätze führen entweder zu Gott als absolutem Geist, dem unendlichen Bewusstsein seiner Selbst, oder zum Sein, das durch sich selbst existiert und keines anderen Grundes zu seiner Verwirklichung bedarf (*ipsum esse per se subsistens*). Wenn wir in der philosophischen Theologie von der Vernunft als Ort der Eröffnung der Gottesfrage sprechen, meinen wir nicht die instrumentelle Vernunft oder die schiere Intelligenz als Strategie des Überlebens, die uns nach Nietzsche von «findigen Tieren» nicht wesentlich unterscheidet. Gemeint ist mit dem Terminus Vernunft «das Vermögen, mittels dessen der Mensch sich selbst und seine Umwelt überschreitet und sich auf eine ihm selbst transzendente Wirklichkeit

5   *Spaemann, Robert:* Der letzte Gottesbeweis, mit einer Einführung in die grossen Gottesbeweise und einem Kommentar zum Gottesbeweis Robert Spaemanns. München: Pattloch, 2007, 11–12 (Hervorhebungen von G.L.M.).

beziehen kann [...] Glauben, dass Gott ist, heißt, dass er nicht unsere Idee ist, sondern dass wir seine Idee sind.»[6]

Zur Klärung möchte ich schon hier bei aller inneren Bezogenheit der philosophischen und theologischen Gotteserkenntnis auf ihren wesentlichen Unterschied hinweisen. Aufgrund der Offenbarung Gottes sagen wir nicht nur, dass Gott der absolute Geist und das in und für sich bestehende Sein ist. Für den gläubigen Christen gilt darüber hinaus die höchste Erkenntnis, dass Gott die Liebe ist (vgl. 1 Joh 4,8.16) – in der Gemeinschaft von Vater, Sohn und Geist. Mit Hilfe der Vernunft können wir bis zur Einsicht gelangen, dass Gott Geheimnis und der uns Unbekannte ist, dass er aber in seiner Selbst-Offenbarung sich uns im Wort zu erkennen und im Heiligen Geist sich uns zu lieben geben kann, wenn er will.[7]

Die neuzeitliche Entfremdung von Gott in ihrer ganzen Bandbreite, angefangen mit der Entpersönlichung Gottes im Pantheismus und Deismus über den resignierten Agnostizismus bis zum aggressiven Neoatheismus, der jede Religion für schädlich und zu bekämpfen hält,[8] hat letztendlich zwei Wurzeln:

Da ist zum Ersten die *philosophische Erkenntnistheorie*, die die Reichweite der metaphysischen Vernunft so einschränkt, vor allem bei Kant, dass Gott nur als ein Ideal der reinen Vernunft oder als Postulat der praktischen, d. h. sittlichen Vernunft übrig bleibt. Die Theologie als Wissenschaft ist damit obsolet geworden.

Zum Zweiten und damit verbunden ist es die sogenannte *wissenschaftliche Weltanschauung*. Sie setzt an bei der modernen Naturwissenschaft, die sich zwar methodisch auf das empirisch Quantifizierbare und mathematisch Beschreibbare, also die logische Struktur der Materie, beschränkt, dann aber in Verbindung

---

6   A. a. O. 20.

7   Vgl. *Thomas von Aquin:* De pot. q.7 a.5. ad 14.

8   Vgl. dazu die treffende Analyse bei *Kissler, Alexander:* Der aufgeklärte Gott. Wie die Religion zur Vernunft kam. München: Pattloch, 2008.

mit einem monistischen Materialismus alles Seiende und Erkennbare auf das gegenständlich-sinnenhaft Gegebene reduziert. Das Wissen als Kenntnis des Gegenständlichen wird dem Glauben als Sinn erschließendes Erkennen Gottes entgegengestellt. Die paradoxe Folge daraus ist, dass das Wissen zu einem Glauben wird (im Wissenschafts- und Fortschrittsglauben) und der Glaube, der in seinem Wesen eine personale erkennende und freie Beziehung zu Gott ist, auf ein gegenständliches Wissen reduziert wird, wodurch Gott zur notwendigen oder überflüssigen Hypothese wird, um die Existenz und Zweckmäßigkeit von Naturprozessen zu erklären (Gott als Erbauer der mechanischen Weltenuhr, intelligenter Naturdesigner oder Evolutionsprogrammierer).

Der Positivismus als sogenannte wissenschaftliche Weltanschauung zieht die reduktionistische Konsequenz für die Wesensbestimmung des Menschen nach sich: Der Mensch ist nichts anderes als Materie, als eine Maschine, ein Tier, und sein Gehirn ist nichts anderes als ein Computer, der einmal durch künstliche Intelligenz überboten wird. Er ist eine Spezies unter anderen mit dem typischen Hang, sich über andere Spezies zu erheben. Darum stehe z. B. ein Tier wegen seiner größeren Intelligenzleistung über einem geisteskranken Menschen oder einem Embryo und Kleinkind, das noch nicht rechnen kann. Es ist klar, dass dann in der Ethik die Differenz zwischen Gut und Böse durch die Kategorie des Nützlichen und Zweckdienlichen und empirisch Überprüfbaren ersetzt wurde. Der empiristische Naturalismus wurde von Paul Henri d'Holbach in seiner Schrift «Système de la nature» (1770) auf eine ewig für sich existierende Materie zurückgeführt. Allein nach mechanischen – und heute muss man hinzufügen – und nach biologischen und chemischen Gesetzmäßigkeiten gibt die Materie sich selbst vermittels der Evolution des Lebendigen ihre Gestaltung in einzelnen Spezies und Lebewesen. Leben und Bewusstsein des Menschen wären nur höhere Formen der sich selbst organisierenden Materie. Die idealen Inhalte des Bewusstseins wie die Gottesidee und die moralischen Imperative seien nur Produkte der Sinnlichkeit und des Überlebenswillens. Den Ideen unseres Verstandes entspreche also nichts in der Wirklichkeit außer der Materie und der Evolution. Entweder sind sie entwicklungspsychologisch bedingte Relikte aus der Kindheitsphase des Individuums oder der Spezies. Oder sie sind – in der gesellschaftspolitischen Tendenz gelesen – Herrschaftsinstrumente der Kirche und des Staates. Erst wenn die Blockaden der Metaphysik und der geoffenbarten Religion, nämlich des Christentums, überwunden seien, habe der Mensch die unverstellte Einsicht in seine Situation und werde frei von Aberglauben und religiösem Fanatismus, womit der Klerus das Volk in Unmündigkeit gefangen hält. Die Toleranz auf dem Boden des Agnostizismus und Relativismus muss – so meinen sie – den starren Dogmenglauben der Kirche hinwegfegen. Und ein lustbetontes Leben befreie uns von der lebens- und leibfeindlichen Gesetzesmoral des Christentums.

In einer radikal religionskritisch gewendeten Aufklärung war man davon überzeugt, dass erst der gesellschaftlich und pädagogisch durchgeführte Atheismus die Menschheit von allen Übeln befreie und eine helle Zukunft vorbereite. Statt der Theonomie war Autonomie, statt Theozentrik war Anthropozentrik angesagt. Ähnliche Konsequenzen ergeben sich aus den im Sinn des monistischen Materialismus interpretierten Erkenntnissen der Neurologie. Wenn allen, auch den abstraktesten Denkleistungen des menschlichen Gehirns eine messbare materielle Energie zugrunde liegt, dann ist das Gehirn nichts anderes als ein Computer, der Informationen verarbeitet. Der Geist wäre nur ein Epiphänomen der Materie. Verbunden mit der Evolutionsbiologie würde die Neurophysiologie gleichsam empirisch beweisen, dass der Mensch weder eine Vernunft hat, die transzendenzfähig ist und die Wahrheit von der Lüge unterscheiden kann, noch über einen Willen verfügt, der in spontaner Freiheit das Gute anzielen und das Böse verabscheuen kann. Was wahr und gut ist, wird von der Mehrheit bzw. auch von der Minderheit der aufgeklärten Bürger für den noch unmündigen Rest entschieden.

Dagegen kann man fragen, wenn es keinen Geist gibt, wem dann diese Theorie noch einleuchten soll. Denn jede Erkenntnis setzt den ontologischen Unterschied zwischen Erkenntnissubjekt und Erkenntnisobjekt voraus.

Der Positivismus in den Natur-, Gesellschafts- und Geschichtswissenschaften und der kritische Rationalismus machen die philosophische und theologische Reflexion der existenziellen Grundfragen nach dem Woher und Wozu der menschlichen Existenz obsolet. Statt der Freude des Evangeliums nistet sich aber bei einem solchen Menschenbild eine kollektive Depression in den Herzen ein. Bertrand Russel (1872–1970), einer der Väter der Analytischen Philosophie, drückte das transzendenzlose Zeitgefühl, das dem monistischen Naturalismus eigen ist, aus, indem er von der «Welt als Zufallstreffer im Wechsel der Sonnensysteme»[9] sprach. Unter Berufung auf das Gefühl, das einen bei den Erkenntnissen der Astrophysik und der Evolutionsforschung beschleichen mag, formulierte Jacques Monod die erschütternde Verlorenheit des Menschen in den unendlichen Räumen und Zeiten des Kosmos: «Der alte Bund ist zerbrochen, der Mensch weiß endlich, dass er in der teilnahmslosen Unermesslichkeit des Universums allein ist, aus dem er zufällig hervortrat.»[10] Es bleibt nur der Ausweg, im kurzen Erdendasein das Beste aus sich zu machen, bevor man dem ewigen Vergessen anheimfällt. Das Gefühl der Abwesenheit Gottes in der trostlosen Weite der Räume und Zeiten auf unserem winzigen Planeten findet in uns seinen Widerhall, wenn der Mensch sein tragisches Dasein resigniert verloren gibt oder den Schmerz der Vergänglichkeit rauschhaft betäubt.

Die namenlose Bestattung der Toten, wie sie leider von manchen gewählt wird, ist nur die erschütternde Konsequenz dieses existenziellen Nihilismus. Während die Nutzbarmachung meiner Asche als Humus im Kreislauf der Natur kein Akt der Liebe ist, stellt das Versinken in der ewigen Anonymität nur den absurden

---

9 *Russell, Bertrand:* Warum ich kein Christ bin. München: Szczesny, 1963, 24.

10 *Monod, Jacques:* Zufall und Notwendigkeit. Philosoph. Fragen der modernen Biologie, aus dem Französischen von Friedrich Griese. München: Piper, 1971, 219.

Verzicht dar auf meine Würde als Sohn und Tochter des liebenden Vaters im Himmel. Die biblische Erfahrung hingegen mit dem Gott Israels, der sein Volk beschützt und befreit, drückt eine tröstliche Gewissheit aus: «Fürchte dich nicht, denn ich habe dich beim Namen gerufen. Mein bist du.» (Jes 43,1)

Wenn Christen auch – historisch gesehen – mit verantwortlich waren am Verlust der Glaubwürdigkeit der Offenbarung, indem sie ihre Religion mit gesellschaftlichen und staatlichen Zwecken – wie zum Beispiel die gallikanische Kirche im *Ancien régime* – verknüpften oder die Inhalte des Glaubens mit überholten naturwissenschaftlichen Weltbildern zu stützen versuchten, so bleibt doch ein systematischer Komplex der radikalen Immanentisierung unserer Auffassung der ganzen Wirklichkeit übrig.

Der harte Kern des spezifischen Atheismus, wie er vor dem Hintergrund und im strikten Widerspruch zum abendländischen Christentum entstanden ist, scheint mir der als unüberwindbar empfundene Gegensatz zwischen Gnade und Freiheit zu sein. Bleibt der menschlichen Freiheit noch Raum, wenn Gott alles ist und allein wirkt, oder muss der Mensch sich einem übermächtigen Gott gegenüber erst freikämpfen?

Paradigmatisch für die westliche Religionskritik aus dem Geist des Empirismus und Sensualismus seit David Hume bis Ludwig Feuerbach und Sigmund Freud ist die Meinung Bertrand Russels, die Religion, insbesondere das Christentum, sei das Ergebnis einer Krankheit, die aus Angst entstanden ist. Judentum, Christentum und Islam seien Sklavenreligionen, weil sie bedingungslose Unterwerfung verlangten. «Die ganze Vorstellung vom herrschenden Gott stammt aus den orientalischen Gewaltherrschaften. Es ist eine Vorstellung, die eines freien Menschen unwürdig ist.»[11] Bei allem Respekt dürfte man doch eine bessere Bibelkenntnis erwarten. Wo bleibt die Erinnerung daran, dass der Gott Israels sich offenbart als Befreier seines Volkes aus dem Sklavenhaus Ägyptens oder der babylonischen Gefangenschaft? Im Neuen Testament

---

11 *Russell, Bertrand:* Warum ich kein Christ bin. München: Szczesny, 1963, 36.

ist die Befreiung der ganzen Schöpfung «aus der Sklaverei und Verlorenheit zur Freiheit und Herrlichkeit der Kinder Gottes» (Römer 8,21) die Frucht der Erlösungstat Christi am Kreuz.

Der Gott, der hier abgelehnt wird, ist nur die Hypothese idealistischer Spekulation oder des falschen Ansatzes der Gnadenlehre oder der Lückenbüßer naturwissenschaftlicher Forschung, jedoch nicht der lebendige und barmherzige Gott Abrahams, Isaaks und Jakobs und der Vater Jesu Christi, der uns das Sein schenkt und uns in seiner Liebe vollenden will.

In der Pastoralkonstitution über die Kirche in der Welt von heute erfasst das Zweite Vatikanische Konzil die Systematik des real existierenden Atheismus in seinen verschiedenen Spielformen und Auswüchsen in diesem Sinn. Dem Glauben, dass Gott Ziel und Ursprung von Mensch und Welt sei, setzt der Atheismus entgegen, dass der Mensch sich selbst Ursprung und Ziel sei. Der Mensch müsse und könne sich selbst erschaffen und erlösen. Darum muss er sich von allen kreatürlichen Vorgaben befreien, sich zumindest wie ein Demiurg selbst mental und psychisch konditionieren sowie physisch und sozial modellieren. Religion, also Gottesbezug in welcher historischen Form auch immer, gilt ihm als Ausdruck der Entfremdung des Menschen von sich selbst oder als ein Mittel, um ihn unmündig zu halten. Religion ist Opium des Volkes. Der Erlösung durch Gottes herrliche Gnade wird das selbstgeschaffene Paradies auf Erden gegenübergestellt, das die Menschheit bisher allerdings nur als eine Hölle auf Erden kennenlernen durfte.

Der postulatorische Atheismus wendet sich gegen ein Phantom, indem er verkennt, dass göttliche Gnade die menschliche Freiheit schafft, fördert und vollendet, weil das Wesen Gottes nicht pure Macht ist, die an sich hält, sondern Liebe, die sich verschenkt. Denn seine Allmacht äußert sich und wird erfahren als Gabe des Seins, durch das wir an seinem Leben und seiner Erkenntnis teilhaben. Gott gewinnt nichts und verliert nichts, wenn er uns ins Dasein ruft und wenn er in unseren Herzen die Sehnsucht auf die Vereinigung mit ihm weckt. Gott ist Liebe.

Es mag sein, dass der neuzeitliche Mensch durch die tiefe Verstörung über die Spaltung der abendländischen Christenheit und die entsetzlichen Religionskriege in England, Frankreich, Deutschland, der Schweiz und anderswo in seinem Glauben an den Gott der Liebe zuinnerst verstört wurde. Aber neben der Kränkung durch die falsche Meinung, die Gnade behindere Freiheit und Selbstbestimmung, liegt der Tendenz zum postulatorischen Atheismus doch der «Wille zur Macht» zugrunde, der verbunden ist mit der Ermächtigung, sich selbst zum Gesetz des Seins und des Guten zu machen. Die atheistischen Politideologien seit der Französischen Revolution bis heute faszinieren die Massen, weil sie absolute Macht sein wollen über die Natur, die Geschichte, die Gesellschaft, bis ins Innerste der Gedanken und des Gewissens jedes einzelnen Menschen (deshalb der Abhörwahn der Geheimdienste bei allen Telefonen, SMS, Twitter und Facebook).

Die Kirche begegnet dem kämpferischen und oft menschenverachtenden Atheismus in seiner staatlichen, akademischen und medialen Macht nicht mit den gleichen Mitteln. Da nach unserer Überzeugung Gott auch diejenigen Menschen liebt, die ihn noch nicht kennen und sogar verleugnen, ist nach den richtigen Mitteln zu suchen, um den Menschen den Zugang zum Geheimnis des Seins und der Liebe zu eröffnen, das sich uns in Gott, dem Schöpfer, Erlöser und Vollender mitgeteilt hat. Es geht, wie das Konzil sagte, um die «situationsgerechte Darlegung der Lehre und das integre Lebensbeispiel der Kirche und ihrer Glieder»[12].

Den Vor- und Fehlurteilen des neuzeitlichen Atheismus gegenüber erklärt das Zweite Vatikanische Konzil:

«Die Kirche hält daran fest, dass die Anerkennung Gottes der Würde des Menschen keineswegs widerstreitet, da diese Würde eben in Gott selbst gründet und vollendet wird. Denn der Mensch ist vom Schöpfergott mit Vernunft und Freiheit als Wesen der

---

12 *Zweites Vatikanisches Konzil:* Pastorale Konstitution über die Welt von heute «Gaudium et spes» 21.

Gemeinschaft geschaffen; vor allem aber ist er als dessen Kind zur eigentlichen Gemeinschaft mit Gott und zur Teilnahme an dessen Seligkeit berufen. Außerdem lehrt die Kirche, dass durch die eschatologische Hoffnung die Bedeutung der irdischen Aufgaben nicht gemindert wird, dass vielmehr ihre Erfüllung durch neue Motive unterbaut wird. Wenn dagegen das göttliche Fundament und die Hoffnung auf das ewige Leben schwinden, wird die Würde des Menschen aufs schwerste verletzt, wie sich heute oft bestätigt, und die Rätsel von Leben und Tod, Schuld und Schmerz bleiben ohne Lösung, so dass die Menschen nicht selten in Verzweiflung stürzen. Jeder Mensch bleibt vorläufig sich selbst eine ungelöste Frage, die er dunkel spürt. Denn niemand kann in gewissen Augenblicken, besonders in den bedeutenderen Ereignissen des Lebens, diese Frage gänzlich verdrängen. Auf diese Frage kann nur Gott die volle und sichere Antwort geben; Gott, der den Menschen zu tieferem Nachdenken und demütigerem Suchen aufruft.»[13]

Nur so gibt es einen Ausweg aus der «Dialektik der Aufklärung» (1944)[14] mit ihrem Umschlag in den Despotismus totalitärer Ideologien und der Tragödie des «atheistischen Humanismus» (1950).[15]

Dieser Einsicht kann nur sich verschließen, wer die dramatisch zugespitzte Situation der Welt von heute verkennt. Papst Franziskus sagt oft, dass wir uns schon wie in einem Dritten Weltkrieg befinden. Er meint damit die «Globalisierung der Verantwortungslosigkeit»[16]. Denken wir nur im globalen Zusammenhang an die Bürgerkriege, die Genozide, die Entwürdigung von Kindern,

---

13 Ebd.

14 *Horkheimer, Max/Adorno, Theodor W.:* Dialektik der Aufklärung. Philosophische Fragmente. Neuausgabe. Frankfurt a. M.: Fischer, 1969.

15 *De Lubac, Henri:* Über Gott hinaus. Tragödie des atheistischen Humanismus. Neuauflage. Einsiedeln: Johannes, 1984.

16 Vgl. *Franziskus:* Apostolisches Schreiben «Evangelii gaudium» (2013), 52–75.

Frauen und Männern zu Sex- und Arbeitssklaven, die Massen-
flucht und Migration von Millionen, Hunger und Armut bei der
Hälfte der Menschheit, die unzählbare Schar von Kindern und
Jugendlichen ohne menschliche Wärme und teilnehmende Erziehung und Berufschancen, die Scheidungswaisen, den entfesselten
Kapitalismus, der alles und alle der Diktatur des ökonomischen
Nutzens und Profits unterwirft, den weltweit agierenden Terroris-
mus in kriminellen Banden und Staaten und das organisierte Verbrechen, die bewusste Destabilisierung der Rechtsordnung und die
Unterordnung des Gemeinwohls unter die Gruppeninteressen
sogar in den etablierten Demokratien. In unserer technisch so effi-
zienten Zivilisation springt die Krise der Moderne und Postmoderne jedem Sehenden in die Augen.[17]

Der Postmoderne liegt wegen des fehlenden Transzendenzbe-
zuges im Wesentlichen ein defizitäres Menschenbild zugrunde, das
zur fatalen Konsequenz vor allem der Entsolidarisierung und Entsozialisierung führt. Wenn der Mensch auf ein Produkt der mit
sich selbst spielenden Materie oder ein Konstrukt der Gesellschaft
reduziert wird oder nur als Teilnehmer an sozialen Netzwerken
oder als Rentenzahler etwas gilt, dann ist er seines Subjektseins,
seiner Personalität beraubt, weil er zum Mittel der industriellen
Produktion, der politischen Macht oder zum Biomaterial der Forschung «verzweckt» wurde. Hinter einer glänzenden Fassade der
schönen neuen Welt zeigt sich das ganze Ausmaß des Elends: die
Einsamkeit, die Isolation, das seelische Leiden, die zunehmende
Gewalt und Brutalität, der Egozentrismus, die Orientierung am
Eigennutz und der egomanischen Selbstverwirklichung, die verweigerte primäre Kommunikation in den Familien.

Alle Entwürfe, die das irreduzible Eigensein des Menschen als
Person leugnen – d. h. die Geistigkeit und Unsterblichkeit der Seele
als substanziale Form seiner geist-leiblichen Natur und ihrer Ent-

---

17 Vgl. die tiefgreifende Studie von *Forde, Matthew:* Das Zeitalter der Einsamkeit. Entsozialisierung als Krise der Postmoderne. Aus dem Englischen
übersetzt von Claudia Kock. Freiburg i. Br.: Herder, 2016.

faltung in Geschichte und Kultur – und die ihn von seiner wesentlichen Relation zum transzendenten Gott abschneiden und ihn so der absoluten Herrschaft von Menschen über Menschen ausliefern, kommen – bei aller Widersprüchlichkeit untereinander – im Relativismus der Wahrheitsfrage überein. Die Leugnung der objektiven Wahrheit führt nicht zur Freiheit, denn das Gegenteil der Wahrheit ist die Lüge. Die Wahrheit ist ebenso wenig der Grund von Intoleranz wie die Forderung nach sozialer Gerechtigkeit den Klassenkampf hervorruft. Und der Relativismus begründet nicht die Toleranz und die freie In-Beziehung-Setzung des erkennenden Menschen zur Wahrheit der Wirklichkeit und des Seins, sondern – wie zurecht formuliert wurde – zur Diktatur derer, die für sich den Durchblick reklamieren oder sich für die einzig guten Menschen halten. Der Relativismus widerspricht sich selbst, indem er für sich apodiktisch absolute Geltung beansprucht und zugleich die Existenz und Erkennbarkeit von Wahrheit außer seiner eigenen verneint.

Es gibt gewiss viele Welt- und Daseinsdeutungen, wie das Zweite Vatikanische Konzil in der Pastoralkonstitution über die Kirche in der Welt von heute sagt: Aber es wächst angesichts der globalen politischen, ökonomischen, moralischen und religiösen Krise «die Zahl derer, die die Grundfragen stellen oder mit neuer Schärfe spüren: Was ist der Mensch? Was ist der Sinn des Schmerzes, des Bösen, des Todes [...] Was kann der Mensch der Gesellschaft geben, was von ihr erwarten? Was kommt nach diesem irdischen Leben?»[18]

Die Kirche vertritt ein Menschenbild, das sehr wohl seine wesentlichen Inhalte aus der jüdisch-christlichen Tradition bezieht, das aber auch in seiner positiven und konstruktiven Ausrichtung mit vielen Menschen guten Willens und anderer religiöser und ethischer Traditionen zu einer Aktionsgemeinschaft zusammenfinden kann.

---

18 *Zweites Vatikanisches Konzil:* Pastorale Konstitution über die Welt von heute «Gaudium et spes» 10.

Rational können alle Ergebnisse der modernen Natur- und Geschichtswissenschaften mit den Erkenntnissen aus der Offenbarung in eine Synthese gebracht werden, ohne dass ein Christ und Zeitgenosse in zwei geistigen Welten leben müsste. Aber darüber hinaus ist die christliche Botschaft das Evangelium der Liebe. Die Wahrheit der Wahrheit ist nicht die Macht, sondern die Liebe. Macht ohne Dienst, Reichtum ohne Freigebigkeit, Eros ohne Agape können nie das Herz des Menschen erfüllen. Es kommt an auf die Annahme seiner selbst und die Liebe zum Nächsten, weil jeder von Gott schon bedingungslos angenommen und geliebt ist. Die Erfahrung Gottes als Sinn und Ziel des Menschen bedeutet das Ende der Dialektik der Negativität und allen Wahn-Sinns in der Weltgeschichte.

Nur der Glaube an Gott kann das Ganze der Wirklichkeit in den Blick nehmen, weil er eine Teilhabe am unendlichen Geheimnis Gottes ist, das sich vorerst nur in «Spiegel und Gleichnis» (1 Korinther 12,12) zu erkennen gibt. Denn Gottes Geheimnis steht nicht vor uns wie ein undurchdringliches Dickicht, ein schwarzes Loch oder das nichtende Nichts. Es ist lichte Überfülle und lauter Güte. Wir sehen die Welt in seinem Licht. Aber wir können nicht direkt in die Sonne schauen, obwohl wir alles durch ihr Licht sehen.

Im Brief an die Römer besteht Paulus darauf, dass die Menschen in ihrer «Gottlosigkeit und Ungerechtigkeit» sowie in ihrem «Niederhalten der Wahrheit» sich nicht entschuldigen können mit ihrer Unkenntnis der Existenz Gottes. Denn «seit der Erschaffung der Welt wird seine unsichtbare Wirklichkeit an den Werken der Schöpfung mit der Vernunft wahrgenommen: Seine ewige Macht und Gottheit» (Römer 1,20). Auch die Heiden, denen nicht wie den Juden am Sinai die Gebote geoffenbart worden sind, kennen das natürliche, also in der Vernunft zugängliche Sittengesetz, weil es ihnen ins Herz eingeschrieben wurde und sie es in ihren Gedanken hin und her erwägen (vgl. Römer 2,14 ff.).

Gott bleibt das Geheimnis über uns. Er ist das Subjekt der Offenbarung seiner Herrlichkeit in den Werken der Natur und der

Geschichte. Durch die Propheten und zuletzt unüberbietbar in seinem Sohn spricht er *zu uns* von Person zu Person. Wir können *zu ihm* sprechen in Bekenntnis und Gebet. Die Kirche kann und muss *von ihm* sprechen und Zeugnis geben in einer dialogischen Verkündigung.

Gerade im Bekenntnis zum trinitarischen Gott zeigt sich das *proprium christianum*. Der Trinitätsglaube unterscheidet das Christentum vom alttestamentlich-jüdischen und vom koranischen Monotheismus wie auch vom spekulativen Monotheismus.

Der unitarische Monotheismus kann nicht dem trinitarischen Monotheismus die Logik absprechen. Denn seine Konsistenz besteht in der göttlichen Logik der Liebe, die das Wesen Gottes in den Relationen der drei göttlichen Personen zueinander vollzieht, die aber sein Wesen nicht zerteilen, sondern ewig verwirklichen. Dies übersteigt menschliches Erkennen, das durch die Selbstoffenbarung dennoch erhoben wird zur analogen Teilnahme an Gottes Selbsterkenntnis in seinem Wort, das unser Fleisch annahm, und zur Vereinigung mit ihm in der Liebe des Heiligen Geistes.

Gotteskindschaft in Christus und Gottesfreundschaft im Heiligen Geist sind die wesentlichen Bezugspunkte des christlichen Menschenbildes. Die Kirche glaubt, dass die Größe des Geheimnisses des Menschen erst im Licht Christi voll erkannt wird und nur in ihm das Rätsel von Schmerz und Tod uns nicht überwältigt.

Die Gottesfrage ist für den Menschen von heute gewiss eine intellektuelle, aber noch mehr eine existenzielle Herausforderung. Im Angesicht des Todes steht der Glaube vor seiner letzten Prüfung. Vom damals 39-jährigen Dietrich Bonhoeffer berichtet der Lagerarzt, der ihn auf dem letzten Gang zur Hinrichtung im Konzentrationslager Flossenbürg am 9. April 1945 begleitete:

«Durch die halbgeöffnete Tür eines Zimmers im Barackenbau sah ich vor der Ablegung der Häftlingskleidung Pastor Bonhoeffer in innigem Gebet mit seinem Herrgott knien. Die hingebungsvolle und erhörungsgewisse Art des Gebetes dieses außerordentlich sympathischen Mannes hat mich auf das Tiefste erschüttert. Auch an der Richtstätte selbst verrichtete er noch ein kurzes Gebet und bestieg dann mutig die Treppe zum Galgen.»[19]

Und sein letztes Wort im Angesicht des Todes war:

«Das ist das Ende – für mich der Beginn des Lebens.»[20]

19 *Bethge, Eberhard:* Dietrich Bonhoeffer. Theologe – Christ – Zeitgenosse, München: Kaiser, 1983, 1038.
20 A. a. O. 1037.

Reden über die Welt

Ernst Ulrich von Weizsäcker

So gebt dem Kaiser, was des Kaisers ist, und Gott, was Gottes ist! (Mt 22,21b)[1]

«Großer Wandel steht uns bevor. Noch nie stand die Menschheit, standen wir vor einer so überwältigenden Aufgabe. Wir haben unermesslichen Wohlstand geschaffen, einen Wohlstand, von dem wir vor 100 Jahren nur hätten träumen können. Die industrielle Revolution und die mit ihr einhergehende rasante Bevölkerungsvermehrung haben dazu geführt, dass wir Menschen fast alles bewohnbare Land in unseren Dienst genommen und uns Ressourcen aus den letzten Winkeln der Welt nutzbar gemacht haben. Die Auswirkungen auf die Umwelt waren dabei zunächst nicht im Blick.

Über lange Zeit herrschte Fortschrittsoptimismus. Die Erfinder und Erneuerer wussten zwar nicht, wohin alles steuerte, doch es war zweifellos Fortschritt. Heute aber nimmt die Menschheit mehr als die gesamte Größe ihres Zuhauses in Anspruch, und das kann nicht gutgehen. Umweltpolitik gibt es schon eine ganze Weile. Früher kümmerte sie sich um Naturschutz, den Lebensraum der Kondore oder die Korallenriffe. Später kam die Sorge um Luftqualität, Gewässer und Böden hinzu. Heute geht es um Dramatischeres, nämlich die Umwelt als Grundlage des Lebens zu retten, und

---

1 Ernst Ulrich von Weizsäcker hielt am 20. September 2010 in Luzern die Otto-Karrer-Vorlesung mit dem Thema «Technologie und Menschenbild für eine nachhaltige Gesellschaft». Zum Abdruck in dieser Publikation hat er einen mehr ins Philosophische gehenden Text aus dem Jahr 2014 überlassen, der ihm für eine Predigt in der Stuttgarter Friedenskirche gedient hat und der noch nicht anderweitig publiziert ist. Der Text wurde geringfügig adaptiert.

das weltweit, bis in die Stratosphäre und die Tiefsee hinein. In unserem Jahrhundert hat die Menschheit die Möglichkeit, ihre eigene Lebensgrundlage zu vernichten.

Entweder lernt die Menschheit, ihr Wissen und ihre Fähigkeiten dieser Begrenzung anzupassen und *nachhaltig* mit der Erde umzugehen, oder die ‹Umwelt› schlägt zurück und lässt das Menschengeschlecht zugrunde gehen.»[2]

Zu Beginn soll eine biblische Überlegung stehen: Im Matthäus-Evangelium wird die Geschichte vom Zinsgroschen erzählt (vgl. Matthäus 22,21b). Für Zinsgroschen würde man heute vielleicht sagen Mehrwertsteuer. Die Pharisäer, die Jesus gegenüber voller Neid und Misstrauen sind, wollten ihn richtig reinlegen. Sie und ihre Anhänger und ein paar Leute von Herodes, dem kaiserlich-römischen Lokalfürsten, kamen zu Jesus und behaupteten, er achte nicht das Ansehen der Menschen und des Kaisers. Sie fragten Jesus:

«Was meinst du: Ist's recht, dass man dem Kaiser Steuer zahle oder nicht? Da nun Jesus merkte ihre Bosheit, sprach er: Ihr Heuchler, was versucht ihr mich? Weiset mir die Steuermünze! Und sie reichten ihm einen Groschen dar. Und er sprach zu ihnen: Wes ist das Bild und die Aufschrift? Sie sprachen zu ihm: Des Kaisers. Da sprach er zu ihnen: *So gebet dem Kaiser, was des Kaisers ist, und Gott, was Gottes ist!* Da sie das hörten, verwunderten sie sich und ließen ihn und gingen davon.»

In anderen Worten: Jesus ließ sich nicht reinlegen. Das ist der anekdotische Teil der Bibelstelle. Für die Pharisäer war *diese* Geschichte damit zu Ende, und sie und ihre Leute gingen davon. Aber alle berühmten Jesusworte haben auch eine tiefere Bedeutung weit über die erzählte Anekdote hinaus. In unserem Fall

---

2   Von *Weizsäcker, Ernst Ulrich/Hargroves, Karlson «Charlie»:* Einleitung. In: *Dies. u. a. (Hg.):* Faktor Fünf. Die Formel für nachhaltiges Wachstum. München: Droemer, 2010, 11.

dürfte diese tiefere Bedeutung etwa die sein: «Ja, auch wenn mir Gott das Wichtigste ist, will ich doch in der Menschengemeinschaft, in der ich lebe, die weltliche Ordnung anerkennen und dafür auch Steuern zahlen.» Darin liegt auch eine Haltung der *Toleranz* gegenüber einem Kaiser, den Jesus sicherlich als Ungläubigen eingeschätzt hat.

Als Jahrhunderte später die römischen bzw. oströmischen Kaiser selber Christen waren, haben sie von ihren Staatsbürgern selbstverständlich auch Steuern eingetrieben. Mehr und mehr wurde das Christentum in ganz Europa zur Religion der Herrschenden. Mit der unvermeidlichen Gefahr, dass die bei Jesus beobachtete Toleranz den herrschenden Christen abhanden kam!

«Im Namen des Kreuzes», wie es dann immer hieß, wurden fürchterliche Kriege geführt. Etwa von Karl dem Großen, später die Kreuzzüge, und am schlimmsten die Eroberungskriege der Spanier in Süd- und Mittelamerika. Aber auch Christen untereinander führten schreckliche Glaubens- und Territorialkriege, ganz besonders den Dreißigjährigen Krieg. Das Evangelium und die in unserem Bibelwort hörbare Toleranz gingen verloren.

Auch heute bedrückt uns ein Glaubens- und Territorialkrieg. Mit Schrecken hören wir darüber in den Medien. Immerhin sind auch Christen hier eher auf der Seite der Friedenssucher. Aber wir tun nicht genug, um den Frieden auch herbeizuführen.

Ich will jetzt aber nicht über Tagespolitik sprechen, sondern darüber, wie wir mit der tieferen Bedeutung des Bibelwortes umgehen könnten. Gebt dem Kaiser, was des Kaisers ist, – aus der religiösen Opposition heraus gesagt – ist die Aufforderung, den religiösen Eifer nicht zu übertreiben und dem Kaiser (heute würde man sagen: dem Staat) das zu überlassen, was diesem zusteht. Historisch hat diese Botschaft überragende Bedeutung gewonnen, als christliche Herrscher in Europa mit der Kirche gemeinsam eine absolute Herrschaft errichtet und durchgesetzt hatten – das war die Zeit des Absolutismus.

Nun fingen politisch denkende Philosophen und Aufrührer an, die Schäbigkeit, Grausamkeit und auch *religiöse* Unglaubwürdigkeit dieses autoritär weltlichen Christentums zu hinterfragen. John Locke (1632–1704) etwa, im ausgehenden 17. Jahrhundert, selber ein Staatsmann, der Liberalität und eine moderne Form der Demokratie forderte. Jean-Jacques Rousseau (1712–1778) mit seinem Gedanken des «Sozialvertrages», der uns zugleich verpflichtet und befreit. Dann aber wieder Adam Smith (1723–1790), der im Gegensatz zu Rousseau das Privateigentum und den Markt als befreiend ansah. Und schließlich Immanuel Kant (1724–1804), dem philosophischsten von allen, der mit seiner Aufklärung den Menschen aus seiner Unmündigkeit herausführen wollte.

Die Aufklärung war, auf philosophischer und politischer Ebene, die Kritik an einer Art von Kirche, die sich Dinge anmaßt, die ins Diktatorische gehen und die die Menschen in ihrer Unmündigkeit gefangen hält. Kant hätte die Mahnung Jesu «gebt Gott, was Gottes ist» keineswegs infrage gestellt, wohl aber die weltliche Machtanmaßung im Namen Gottes.

Die Programmatik der Aufklärung hat aber in unserer Zeit ein vollkommen anderes Programm. Heute geht es nicht um die Arroganz der Kirchen. Der Heilige Vater in Rom versieht ja sein Amt mit einer bewundernswerten Demut, und auch die evangelischen Kirchen – mit ein paar Ausnahmen im «Bibelgürtel» Nordamerikas – legen eine äußerst erfreuliche Bescheidenheit an den Tag und kritisieren den Staat nur dann, wenn dieser seinerseits Menschenrechte missachtet oder seiner sozialen und ökologischen Verpflichtung nicht nachkommt.

A propos ökologische Verpflichtung: Der Weltkirchenrat[3] hat für seine Anlagenpolitik eine alternative Lösung beschlossen, d. h.

---

3 Selbstverständnis des Weltkirchenrats: «Der Ökumenische Rat der Kirchen ist eine Gemeinschaft von Kirchen, die den Herrn Jesus Christus gemäß der Heiligen Schrift als Gott und Heiland bekennen und darum gemeinsam zu erfüllen trachten, wozu sie berufen sind, zur Ehre Gottes, des Vaters, des Sohnes und des Heiligen Geistes. Er ist eine Gemeinschaft von Kirchen auf dem Weg zur sichtbaren Einheit in dem einen Glauben und der einen eucharistischen Gemeinschaft, die ihren Ausdruck im Got-

Wertpapiere, die in die Fossilindustrie investieren, wurden abgezogen. Wegen der bedrohlichen globalen Erwärmung. Deutschland mit seinem jüngsten Braunkohleboom steht da peinlich schlecht da und hat sein Image als Vorreiter in Sachen Klimaschutz innerhalb weniger Jahre verspielt.

Ich vertrete die Meinung, dass wir eine neue Aufklärung brauchen. Und ich hoffe und glaube auch, dass die meisten christlichen Kirchen der Welt diesmal auf der Seite der Aufklärung stehen werden. Außer uns Christen werden auch Hunderte Millionen von Gläubigen der buddhistischen, hinduistischen und shintoistischen Welt tendenziell mit dabei sein. Und ungezählte Muslime ebenfalls, die sich noch oder wieder an die großartigen Lehren eines Averroes – im arabischen Raum Ibn Rushd genannt – erinnern.

Worum geht es in der heute notwendigen Aufklärung?

Das Wichtigste ist die Überwindung der Arroganz und Dominanz der Finanzmärkte. Die sind es, die heute den Staat und die Staatengemeinschaft daran hindern, der sozialen und ökologischen Ver-

---

tesdienst und im gemeinsamen Leben in Christus findet. Er will auf diese Einheit zugehen, ‹damit die Welt glaube›, wie es im Gebet Jesu für seine Jünger und Jüngerinnen heißt (Joh. 17,21).

Der Ökumenische Rat der Kirchen (ÖRK) ist unter den zahlreichen Organisationen der modernen ökumenischen Bewegung, deren Ziel die Einheit der Christen ist, die umfassendste und repräsentativste. Die Mitgliederbasis des ÖRK umfasst mehr als 500 Millionen Christen in Kirchen, Denominationen und kirchlichen Gemeinschaften in aller Welt: zu ihnen zählen die Mehrzahl der orthodoxen Kirchen, zahlreiche anglikanische, baptistische, lutherische, methodistische und reformierte Kirchen, sowie viele vereinigte und unabhängige Kirchen. Während die meisten ÖRK-Gründungsmitglieder europäische und nordamerikanische Kirchen waren, setzt sich die heutige Mitgliedschaft vorwiegend aus Kirchen in Afrika, Asien, der Karibik, Lateinamerika, dem Nahen und Mittleren Osten sowie dem pazifischen Raum zusammen. Der ÖRK zählt derzeit 348 Mitgliedskirchen.» (Homepage der ÖRK: www.oikoumene.org.de/about-us, 20.2.2017).

pflichtung nachzukommen. Das gilt in Entwicklungsländern kein bisschen weniger als bei uns in den reichen Ländern. Die Finanzmärkte geben dem Staat nicht, was des Staates ist!

Wie ist es zu dieser Arroganz gekommen? Verzeihen Sie, wenn ich hier im Kirchenraum ein wenig über das berichte, was ich als Stuttgarter Bundestagsabgeordneter vor etwa 15 Jahren erlebt habe, was für mich der Antwort auf die Arroganzfrage ziemlich nahekam. Ich hatte den Vorsitz der Enquetekommission Globalisierung der Weltwirtschaft inne. Wir fanden damals heraus, dass der Begriff Globalisierung erst nach 1990 in den Sprachen der Welt heimisch wurde. Ebenso die ganze Denkweise, dass es Aufgabe des Staates sei, sich zurückzuziehen und das ganze Geschehen dem Markt, dem Weltmarkt zu überlassen.

Was war da passiert? Die wohl wichtigste Antwort war, dass das mit dem Ende des Ost-West-Konflikts zusammenhing. Der Kalte Krieg, so grausig und gefährlich er auch war, hatte einen gänzlich ungeplanten Vorteil: Er zwang die Kapitalseite im Westen dazu, sich mit dem demokratisch legitimierten Staat zu arrangieren, denn dieser Staat war das Bollwerk gegen den Kommunismus. Auch das ideologische Bollwerk. Denn die Soziale Marktwirtschaft und die hohe Steuerprogression sahen wie der Beweis aus, dass die freiheitliche Marktwirtschaft dem Kommunismus auch bezüglich des Wohlstands der Armen überlegen war, nicht nur des Wohlstands der Reichen. Und so erodierte die Glaubwürdigkeit des Kommunismus zusehends, zumal sich seit Willy Brandt die vormalige Dauerbehauptung der östlichen Machthaber, der Westen sei militärisch aggressiv, in Luft aufgelöst hatte.

Als der Kommunismus vorbei war (und wir alle dankbar aufatmeten), war das Motiv für die Kapitalseite verschwunden, sich mit dem Staat zu arrangieren. Und nun wurden die Staaten der Welt gezwungen, sich den Wünschen der Investoren zu beugen, und die verlangten gebieterisch Steuersenkungen, Deregulierungen, Privatisierungen, Liberalisierungen. In Thatcher-England, Reagan-Amerika und Pinochet-Chile hatte man das alles in den 1980er-Jahren schon mal vorgeführt. Aber erst nach 1990 wurde diese anfangs noch als ziemlich extrem eingestufte Denkweise globalisiert. Die Uruguay-Rundes des GATT führte 1994 zu Gründung der WTO, dem neuen Gralshüter der Deregulierung und des Freihandels.

Jede nationale Maßnahme zum Schutz der Umwelt oder der Schwachen wurde jetzt als «Nicht-tarifäres Handelshemmnis» denunziert. Der Abstand zwischen Arm und Reich riss dramatisch auf, und zwar in praktisch allen Ländern. Öffentliche Dienste wie Kanalisation oder Volksbildung wurden vielfach vernachlässigt, am krassesten in den USA. Die Soziale Marktwirtschaft wurde als wettbewerbsschädigende Romantik verpönt und demontiert. Und die Ökonomieprofessoren der Welt avancierten zu einer neuen Priesterklasse, sofern sie nur die Heilsbotschaft des freien, deregulierten Marktes verkündeten.

Zur Aufklärung gehört auch die Korrektur an dogmatisierten und falschen Überlieferungen von Kronzeugen der heutigen Standarddoktrin, insbesondere von Adam Smith (1723–1790), David Ricardo (1772–1823), Charles Darwin (1809–1882) und Simon Kuznets (1901–1985).

Adam Smith wird fälschlich so zitiert, als sei das Eigeninteresse stets der Antrieb zur Wohlstandsschaffung. Dabei war für ihn klar, dass das nur im festen moralischen und rechtlichen Rahmen funktioniert – und dieser ist in den letzten Jahrzehnten immer weiter ruiniert worden. David Ricardo wird fälschlich so zitiert, als sei jeglicher Handel über Grenzen gut für alle. Dabei war für ihn klar, dass das nur für Güter galt, nicht etwa für Kapital.

Charles Darwin wird fälschlich so zitiert, als herrsche immer und überall ein Kampf aller gegen alle. Dabei war ihm klar, dass Tüchtigkeit auch Flucht vor dem Kampf sein kann und räumlicher Schutz gegen den Kampf die Entfaltung der Vielfalt ermöglicht. Und Simon Kuznets wird so zitiert, dass nach dem Aufklaffen der Arm-Reich-Schere automatisch wieder eine Annäherung eintritt, – aber die Evidenz dafür stammt aus den *Jahrzehnten der Weltkriege*, die viel Schlimmeres machten als das Aufreißen der Schere!

Es gehört zur Aufklärung, Fehlzitate und klare Fehlinterpretationen zu erkennen und zu entlarven. Die vier genannten Fehlinterpretationen sind aber tragende Säulen des Dogmas von der stets segensreichen Wirkung der Märkte und des schrankenlosen Wettbewerbs. Wer diese Säulen wegzieht, hat die Auseinandersetzung schon halb gewonnen!

Gewiss, der Markt hat auch viel Gutes bewirkt. Auch manche Deregulierung, manche Privatisierung und manche Steuersenkung hatte ihre guten Seiten. Es gab auch Formen eines verfetteten Sozialstaats. Und die *Staaten* der Welt hatten ihrerseits auch arrogante Züge. Aber die Tatsache ist nicht zu leugnen, dass das Gleichgewicht zwischen Markt und Staat, zwischen privatem Nutzen und öffentlichen Gütern verlorengegangen war. Und die Besänftigungsbehauptung, der Reichtum der Reichen komme schlussendlich allen zugute, wurde mehr und mehr zur hohlen Phrase, wie man etwas bei Thomas Piketty nachlesen kann.

So, jetzt habe ich (vielleicht etwas geschwätzig) über die Notwendigkeit einer neuen Aufklärung gesprochen. Aber wie packen wir sie an?

Wie bei Immanuel Kant können wir mit der Nutzung der Vernunft beginnen. Die Methoden heutiger Kapitalmärkte mit Vorteilsnahmen im Zeitraum von Sekundenbruchteilen, mit rechnergestützten automatischen Kapitalverschiebungen im Milliardenbereich, mit einem Kapitalvolumen, das sekündlich um die Welt saust, hundertmal mehr als die Bezahlungen für Güter und Dienstleistungen – das alles ist brandgefährlich und zutiefst unvernünftig. Eine Re-regulierung der Finanzmärkte ist überaus dringlich, wird aber von den angelsächsischen Ländern konsequent sabotiert. Übrigens ein Grund für mich, einem Abschied Englands aus der EU mit einer gewissen Vorfreude entgegenzusehen; in einem Vierteljahrhundert, denke ich, kommen sie reumütig zurück.[4]

---

4 Die Abstimmung zum Ausschied des Vereinigten Königreichs erfolgte am 23. Juni 2016. Der «Brexit» wurde mehrheitlich angenommen.

Und wir können zwischenzeitlich TTIP auf einen tragbaren Zollab-
bau zurückstutzen und die ganzen amerikanischen Zumutungen
von Chlorhühnchen und Gentechnik-Ernährung bis zur Kulturpri-
vatisierung und zum makaber anmutenden Investorenschutz weg-
bürsten.[5]

Gebt dem Kaiser, was des Kaisers ist, hieße dann heute:
erlaubt dem Staat, legitimiert durch demokratische Wahlen, die
Regeln zu setzen, die die Langfristigkeit, die öffentlichen Güter,
die soziale Gerechtigkeit stützen und gegen infame Angriffe der
Superreichen und der priesterlichen Wirtschaftsprofessoren
schützen.

Das geht nicht ohne Konflikt. Aber es geht ohne Krieg. Denn
eines der wichtigsten Prinzipien der neuen Aufklärung muss – wie
schon von Kant vorgedacht – die friedliche Austragung von Konflikten sein, in der Sprache von Jürgen Habermas der herrschafts-
freie Dialog.

Die kriegerischen Konflikte unserer Tage zeigen uns auch, dass
die Arroganz und Macht der Kapitalmärkte *nicht* das Einzige sind,
was wir zu überwinden haben. Anstand, Friedfertigkeit und ein
guter Umgang mit Fremden sind weiterhin Ziele jenseits aller ökonomischen Überlegungen!

Mein eigentliches Arbeitsgebiet liegt indessen woanders. Und
davon möchte ich auch noch kurz sprechen. Wir kennen seit den
«Grenzen des Wachstums» des Club of Rome 1972 die große
Gefahr, die im Raubbau der Bodenschätze liegt. Seit den 1980er-
Jahren ist die Klimakrise *zusätzlich* ins Bewusstsein gerückt. In der
Sprache der ökologischen Fußabdrücke bräuchten wir zwei bis
drei Erdbälle, wenn wir unsere deutschen durchschnittlichen Fuß-
abdrücke auf sieben Milliarden Menschen ausdehnen würden. Und

---

5 Der TTIP-Vertrag ist ein Freihandelsabkommen, das eine große Dynamik
   für den Welthandel darstellt. Allerdings ist das Abkommen in den Mit-
   gliedsländern stark in Kritik geraten. Die Zukunft des TTIP ist demnach
   offen.

wenn sieben Milliarden Menschen die doppelt so großen US-amerikanischen Fußabdrücke hätten, bräuchten wir fünf Erdbälle. Wir haben aber bekanntlich nur einen.

Das lässt uns rechnerisch drei Möglichkeiten. Entweder alle Menschen begnügen sich mit einem Lebensstil fünfmal bescheidener als die US-Amerikaner. Oder Kriege und Seuchen reduzieren die Menschheit auf anderthalb Milliarden. Oder wir lernen, aus einem Hektar Land, einer Kilowattstunde, einer Tonne Mineralien fünfmal soviel Wohlstand herauszuholen. Das erste ist politisch nicht durchsetzbar, das zweite ist ein krimineller Alptraum, und das dritte erscheint wie ein frommer Wunsch. Zum Glück ist die letztere Einschätzung falsch. Die Verfünffachung der Nutzungseffizienz von Fläche, Energie und Mineralien ist zweifellos machbar. Also sehe ich das als politisches Ziel an. Langfristig geht auch ein Faktor zwanzig.

Von alleine kommt der Effizienzsprung aber nicht. Um es an einem vertrauten Beispiel zu erläutern: Die Sanierung eines Stuttgarter Altbaus auf Passivhausstandard (was 80 bis 90 Prozent der Heizkosten wegsparen würde) hat eine typische Amortisationszeit von 25 Jahren. Welche Bank finanziert einem das? Kaum eine. Also bleibt das Projekt liegen. – Nein, man muss solche Sanierungen richtig rentabel machen. Am besten dadurch, dass man den Naturverbrauch, in diesem Fall die Energie, in kleinen, vorhersehbaren Schritten immer teurer macht, nicht schneller als der durchschnittliche Effizienzfortschritt vorankommt. Mit Sozialtarifen verhindert man soziale Schieflagen, und mit Aufkommensneutralität schützt man die Industrie, die ja nicht auswandern soll. Wird Energie langsam teurer, wird die Rentabilität der energetischen Sanierung von Jahr zu Jahr größer. Was für Energie gilt, gilt auch für Wasser und Mineralien.

Die radikale Verbesserung der Energie- und Ressourceneffizienz schafft auch *Raum für den Naturschutz*. Die Schöpfung zu bewahren, das nennt man in der Alltagssprache Naturschutz. Die Schöpfung zu bewahren, das gehört im Sinne unseres Bibelwortes auch unter den Begriff «Gebt Gott, was Gottes ist».

Die Botschaft, die ich Ihnen vermitteln möchte, lautet also: Hört die Ausgewogenheit in dem heutigen Bibelwort, die Toleranz, die Abwehr gegen Machtanmaßungen. Und habt den Mut zu einer neuen Aufklärung!

In technischer Hinsicht stellen sich für die nötigen Änderungen keine Schwierigkeiten, da die Wissenschaft durchaus innovativ genug und fähig ist, solche Herausforderungen zu lösen. Der Stolperstein ist in den Marktmechanismen, einer mangelnden gesetzlichen Regulierung und schlicht dem Unwillen der politisch Verantwortlichen zu sehen. So muss man sich konsequent für eine Verteuerung der Energie und für eine Stärkung der staatlichen Kontrolle der Märkte aussprechen.

Die Thematik und Problematik kann an dem sogenannten ökologischen Fußabdruck verdeutlicht werden.

Herausforderung ökologischer Fußabdruck[6]

Wir brauchen ein Maß für die Nutzung der Erde, wenn wir deren Beanspruchung und Kapazität abschätzen wollen. Wir brauchen Ressourcenbilanzen, die uns zeigen, was noch da ist und was wir verbrauchen. Ökologische Buchführung funktioniert wie Finanzbuchhaltung. Als Einkünfte gelten die Dienste, die die Nataur uns anbietet, als Ausgaben unser Verbrauch derselben. Wie bei finanziellen Werten kann man zweitweilig mehr verbrauchen, als nachgeliefert wird, aber eben nur zeitweilig. Dauerhafte ökologische Kontoüberziehung führt zur ökologischen Insolvenz, und im Gefolge zu wirtschaftlichem Niedergang, Abnahme der Lebensqualität und sozialer Instabilität.

Der ökologische Fußabdruck ist ein Maß der Biokapazität, der biologisch aktiven Fläche (Wälder, Äcker und Weiden, Fischge-

---

6 Der Abschnitt ist mit Änderungen und Ergänzungen übernommen aus: *Wackernagel, Mathis/Kane, Kristin:* Herausforderung ökologischer Fußabdruck. In: *von Weizsäcker, Ernst Ulrich u. a. (Hg.):* Faktor Fünf. Die Formel für nachhaltiges Wachstum. München: Droemer, 2010, 20–21.

wässer und andere Ökosystem), die in den Dienst einer Gruppe von Menschen (eines Landes, eines Stammes oder der ganzen Menschheit) gestellt werden muss, um mit heutiger Technologie all das zu produzieren, was diese Gruppe verbraucht, sowie die Abfälle aufzunehmen. Um die Vorräte der Biosphäre nicht zu ruinieren und die Abfallkapazität nicht zu überfordern, dürfen nicht mehr erneuerbare Ressourcen verbraucht werden, als von der Natur tatsächlich erneuert, und nicht mehr Abfälle erzeugt, als tatsächlich absorbiert werden. Denn die Fähigkeit von Ökosystemen, uns mit Ressourcen zu versorgen, ist – außer durch menschliche Bebauung – durch Faktoren wie Klima, Technologie, Umweltmanagement sowie die Verfügbarkeit von Wasser und Sonnenergie limitiert. Länder mit Fußabdrücken, die die heimische Biokapazität übersteigen, erzeugen ökologische Schulden. Und wenn die Menschheit mehr ökologische Dienstleistungen verbraucht, als nachgeliefert werden, dann baut sie globale Schulden auf.

Die Berechnung der ökologischen Fußabdrücke basiert auf Stoffstrombilanzen, wobei jeder Stoffstrom auf die ökologische produktive Fläche bezogen ist, die benötigt wird, um ihn aufrechtzuerhalten. Die größten und dramatisch wachsenden Beiträge liefern dabei die Kohlenstoff-Fußabdrücke (carbon footprints). Sie berechnen sich aus dem Land, das nötig wäre, um das von uns durch Verbrennen von fossilem Kohlenstoff erzeugte CO_2 zu absorbieren. Weil der Kohlenstoff-Fußabdruck einen so großen Teil des Gesamt-Fußabdrucks ausmacht, erhält er derzeit die größte Beachtung. Seine Verminderung jedoch – durch die Vergrößerung anderer Fußabdrücke, wie etwa durch den Anbau von Energiepflanzen der ersten Generation – kann sogar zu Nettoverlusten führen!

Global Footprint Network publiziert alljährlich den ökologischen Fußabdruck von Staaten. Diese Länderbilanzen stellen zurzeit die wissenschaftlich besten Erhebungen über nationale Fußabdrücke dar (www.footprint-network.org/atlas). Die Summe aller nationalen Fußabdrücke und Biokapazitäten ergibt dann die globale Bilanz. Man geht in der Debatte heute davon aus, dass die ökologischen Fußabdrücke der Menschheit seit den späten 1980er-Jahren die geschätzte Biokapazität der Erde übersteigen.

Die Schätzungen des Global Footprint Network kommen zu dem Ergebnis, dass die Menschheit im Jahr 2005 die regenerative Kapazität der Erde bereits um 30 Prozent übernutzt hat. Weltweit stünde uns pro Person im Schnitt eine ökologisch produktive Fläche von zwei Hektar zur Verfügung; zwar ist die rein rechnerische Fläche etwa viermal so groß, aber drei Viertel davon sind Wüste, Eis oder Tiefsee. Nun nutzt aber ein Durchschnittsamerikaner weltweit zehn Hektar, während der Fußabdruck eines Durchschnittsinders knapp ein Hektar misst. In anderen Worten: Hätte die ganze Menschheit US-amerikanischen Lebensgewohnheiten, bräuchten wir fünf Erdbälle, während wir bei indischen Lebensgewohnheiten noch Platz für eine Verdoppelung der Weltbevölkerung hätten.»

Es zeigt sich deutlich, der grotesken Energievernichtung muss Einhalt geboten werden. Das ist nur mit einem ganz anderen ökonomischen Ansatz zu erreichen: Ein Wirtschaftswachstum ohne Wachstum von Verbrauch. Dies erfordert allerdings eine ganz neue Ausrichtung der langfristigen Beurteilung der ökonomischen wie auch der ökologischen Herausforderungen und neue strategische Ziele der Politik. Erste und wichtigste Maßnahme ist die Verteuerung der Energie und der natürlichen Ressourcen. Denn sobald energieeffiziente Produkte nicht einfach die Konsummenge vergrößern, sondern dem Konsumenten tatsächlich Einsparungen bringen, würde dafür auch ein Markt bestehen. Wenn ernergiesparende Produkte nicht mehr nur im Luxussegment angeboten werden, dann werden auf einmal ganz viele solcher Technologien aus den Schubladen hervorgeholt.

Bei der Umsetzung dieses Ansatzes gilt es, eine kulturelle Differenz als Hemmnis zu beachten. So kann man sich in der angelsächsischen Kultur und dem darauf aufbauenden Wirtschaftsverständnis nur schwer einen solchen Eingriff vorstellen. Hier muss langfristig eine Allianz zwischen Europa und Asien errichtet werden, um – im gegenseitigen Austausch – nach Formen einer nachhaltigen Entwicklung zu suchen. Ein solcher Ansatz erfordert den Willen zu einem langfristigen Denken und auch eine Portion Altruismus. Da diese Eigenschaften aber bei amerikanischen Entscheidungsträgern vermisst werden, ist für eine neue Allianz und einen intensiven Austausch zwischen Asien und Europa zu plädieren. Denn die ökologischen und gesellschaftlichen Herausforderungen auf dieser Erde verlangen nach einem Handeln. Da können wir nicht auf Amerika warten.

Udo Di Fabio

Europa in der Krise: Trägt die europäische Idee?[1]

Krise Europas

Staatsschuldenkrise und Migrationskrise haben es an den Tag gebracht: Die Europäische Union verliert ihre Fraglosigkeit. Vor wenigen Jahren bezweifelte kaum jemand, dass die immer engere Union der Völker Europas, der größte Binnenmarkt der Welt, in seiner Kompetenzausstattung und institutionellen Entwicklung im Vorhof der Bundesstaatlichkeit angekommen und auf dem besten Weg war, mit den USA auf Augenhöhe Bastion des Westens und eine der großen Mächte des 21. Jahrhunderts zu werden. In der ersten Phase der Weltfinanzkrise 2008 sah es sogar so aus, als müssten sich die strauchelnden USA auf ihren europäischen Verbündeten stützen, als würde der Euro schon deshalb gebraucht, weil die Leitwährung der Welt seltsam weich wurde. Doch dann stand Griechenland vor der Insolvenz. Ein Mitglied des Eurowährungsraums. Es gab Tage im Frühjahr 2010, da kaufte der Markt mit Ausnahme von Bundesanleihen keine Staatsanleihen eines Euromitglieds mehr. Nur durch organisierte multilaterale Kreditvergaben, einschneidende fiskalische Sparmaßnahmen in Krisenländern, annoncierte und tatsächliche Anleihenkäufe der EZB, die Nutzung ihres Targetsystems und durch eine extreme Erleiterung im Zugang zu Notenbankgeld, konnte Schlimmeres abgewendet werden.

---

1 Dieses Referat wurde von Prof. Dr. Dr. Udo Di Fabio am 23. Oktober 2013 im Rahmen der Otto-Karrer-Vorlesung in der Hofkirche Luzern gehalten.

Heute scheint für viele, die der ständigen Hiobsbotschaften müde sind, eine unbegriffene Schuldenkrise irgendwie überwunden, Migration oder «Brexit» beanspruchen die Aufmerksamkeit. Besser Eingeweihte weisen auf einen gefährlichen Schwelbrand im ökonomischen und politischen Fundament der Union hin. Mit wirtschaftlichen Erfolgen kann nicht wie bisher Zustimmung generiert werden, Rezepte zur Erhöhung der Wettbewerbsfähigkeit stoßen sich hart im Raum mit populistischen Positionen von rechts und links. Fühlbar sind jedenfalls die Konsequenzen der Bremsung einer jahrzehntelangen Geldexpansion. Sie zeigen sich in verschuldeten Privathaushalten oder in aufgeblähten Immobiliensektoren, sei es in öffentlichen Budgets. Europa, der einst so vitale, jetzt aber sichtbar alternde Kontinent, tritt auf der Stelle. Stagnation und Rezession, hohe Arbeitslosigkeit, Unzufriedenheit, Perspektivlosigkeit herrschen in vielen Ländern – von Griechenland und Spanien über Bulgarien bis nach Frankreich.

Die Stimmungslage zur EU schwankt, nicht nur auf den Inseln jenseits des Kanals. Einst europabegeisterte Spanier und Franzosen werden zurückhaltender. Selbst in Deutschland verminderte sich die Quote der EU-Unterstützer, obwohl hier eine deutliche Mehrheit fest bleibt. In manchen Ländern werden Hassplakate gegen Deutschland gezeigt, es droht auch ein Vertragsverletzungsverfahren, wenn Deutschland weiterhin so hohe Handelsbilanzüberschüsse erwirtschaftet, während bei Spanien und Frankreich ein Auge zugedrückt wird. Das Vereinigte Königreich verhandelt den Austritt, die Türkei Erdogans wendet sich antiwestlich ab. Die Europäische Kommission, einst unbestritten Hüterin des Wettbewerbs und der Verträge, erteilt großzügig befristeten Dispens von der Einhaltung der Stabilitätskriterien, also von der Beachtung der Verträge, vielleicht um noch mehr Abneigung oder gar Rebellion gegen Brüsseler Spardiktate zu verhindern. Wie man es auch dreht und wendet, der Eindruck bleibt, dass die in den Verträgen beschworene immer engere Union der Völker Europas einer Union weicht, die es mit erheblichen Zentrifugalkräften zu tun bekommt.

Krise der Wirtschaft

Die Krise scheint im Kern eine von Wirtschaft und Finanzen, sie ist in den meisten Fällen noch keine politisch oder kulturell fundierte Ablehnung der europäischen Vereinigung. Aus dieser richtigen Einsicht können allerdings zwei Irrtümer folgen. Man könnte meinen, es handele sich nur um Wirtschaft, alles andere und vor allem die europäische Idee aber würde tragen. Der andere Irrtum könnte darin liegen, es gebe sehr einfache wirtschafts- und fiskalpolitische Weichenstellungen – etwa die, mehr Geld in die Hand zu nehmen –, die den Kurs Richtung Wachstum und Prosperität lenkten und damit die Auflösung aller Krisenphänomene herbeiführen würden.

Der Zustand der Wirtschaft ist nicht nur in einer stark ökonomisierten und konsumtiv ausgerichteten Gesellschaft ein entscheidender Maßstab für die Akzeptanz des politischen Systems. Deutschlands Weg in den moralischen Abgrund der Naziherrschaft hatte etwas mit der gravierenden Rezession der Weltwirtschaftskrise zu tun, und diese Lektion hat nicht nur die junge Bundesrepublik gelernt, sondern die ganze westliche Welt.

So ist denn auch Europa keineswegs zufällig als Wirtschaftsgemeinschaft entstanden, mit dem Versprechen von Mobilität und Prosperität. Die Europäische Union ist nicht aus gemeinsamem Kampf und einem großen Opfer entstanden, sondern gerade aus der Abkehr vom nationalistischen Schlachtfeldheroismus. Europa steht für den gutbürgerlichen permissiven Konsens, sein Ansehen hat sich aus Friedensgewährleistung und vor allem den Wohlstandsgewinnen gespeist, die ein offener Binnenmarkt, Grundfreiheiten und gemeinsame Handelspolitik maßgeblich mit ermöglicht haben.

Europa ist nachweislich auch heute eine Win-Win-Situation. Nicht nur das exportabhängige Deutschland hat von der Wirtschaftsintegration profitiert. Aber heute erscheint vielen das nicht mehr gewiss, und man fürchtet, je nach Perspektive und Interessenlage, entweder das von Deutschland dominierte Europa oder

einen bedenkenlosen «Club Med» oder eine seelenlose, alle Eigen-
initiative erstickende Brüsseler Bürokratie. War die Idee der Vereinigung Europas also nur eine Schönwetterveranstaltung, von der
alle ihren Benefit erhofften und für die niemand Opfer bringen
will? Warum nur verstehen die Menschen in Europa nicht die Vor-
züge Europas, warum sehen sie nicht die Unausweichlichkeit der
Einheit?

Funktional erzielte Einheit

Die europäische Idee, schon in der Zwischenkriegszeit politisch
etwa vertreten durch Briand und Stresemann, wollte den kontinentalen Ausgleich Frankreichs und Deutschlands auch als Nuk-
leus der Vereinigten Staaten von Europa, also ein Neo-Karolingi-
sches Projekt, um die 1918 bereits eingebüßte Weltmachtrolle des
alten Kontinents wiederzuerlangen. Nach 1945 zielten deshalb die
ersten Versuche aus dem Europarat heraus auf eine Verfassung
und eine Bundesstaatsgründung aus dem Pathos der Überwindung
von Krieg, Not und Zerstörung. Der europäische Staatenantagonismus, jener vor allem auch wirtschaftlich gespeiste Grundwider-
spruch zwischen den europäischen Staaten, musste nach 1945
überwunden werden. Aber spätestens mit dem Scheitern der Europäischen Verteidigungsgemeinschaft in der französischen Natio-
nalversammlung im August 1954 war der direkte politische Weg
zum europäischen Bundesstaat blockiert gewesen. Im Grunde
erwiesen sich die kulturellen Antriebskräfte für den Schritt in den
Bundesstaat als zu schwach.

Der europäische Staatenantagonismus sah die Staaten als abge-
schlossene Machtgebilde im Wettkampf, als Machtstaaten, die sich
in wechselnden Bündniskonstellationen als politischen Höchst-
zweck definierten, die sich bei aller Offenheit für den Handel als
prinzipiell geschlossene Wirtschaftssubjekte mit Protektionismus,
mit Zöllen voneinander abgrenzten und sich in darwinistischer
Konkurrenz auf allen politischen wie wirtschaftlichen oder tech-
nologischen Feldern stehend fühlten. Dass es dabei nach der

Selbstzerstörung des alten Kontinents nicht bleiben konnte, war für die Zeitgenossen keine Frage.

Europa ist nicht im ersten großen politischen Wurf entstanden, sondern auf der Grundlage der funktionalen Einigungsidee. Das klingt schon etwas technisch. Es wird nicht mit Pathos ein Bundesstaat gegründet, sondern es wird das Näherrücken der Völker Europas herbeigeführt, und zwar über die zusammenwachsende Wirtschaft: Interessen sollen grenzüberschreitend neu formiert werden. Es wird, wenn man so will, ein Umweg eingeschlagen oder aber dort der Weg gesunder Grundlegung gewählt, wo die kulturelle Homogenität zur Gemeinschaftsbildung nicht hinreicht. Nicht nur für Marxisten und Wirtschaftsliberale ist die Wirtschaft Grundlage einer Gesellschaft und entscheidende Bedingung für die Stabilität des politischen Systems. War es nicht so, dass die Völker Europas nicht zuletzt immer wieder aus wirtschaftlichen Gründen aufeinander eingeschlagen haben? Was lag näher, als diese Hauptursache im Kern zu entschärfen? Was lag näher, als die Potenziale für die Rüstungswirtschaft – damals Kohle und Stahl – zu vergemeinschaften und einer Hohen Behörde, einer supranationalen Behörde, zu unterstellen, sodass kein Staat, der daran beteiligt war, auf eigene Rechnung wieder aufrüsten konnte? Das war die erste Idee der Montanunion aus dem Jahre 1951. Jene Hohe Behörde wurde dann mit den Römischen Verträgen die Kommission.

Funktionale Einigung sollte bedeuten, dass Europa, dass die zunächst sechs Staaten, die sich zusammenschlossen und die sich seit 1958 Europäische Wirtschaftsgemeinschaft nannten, dass diese Gemeinschaft einen gemeinsamen Markt bildet, der als Markt nur noch Außengrenzen, der nur noch Außenzölle kennt, der im Inneren aber jeden Protektionismus, jedes Handelshemmnis verhindert. Das ist etwas, was sich die deutsche – aber auch die niederländische, die belgische oder französische – Wirtschaft schon lange gewünscht hatte, weil sie sich in der Vorvergangenheit zwar selbst auch durch Zölle hat schützen lassen, aber letztlich als Exportwirtschaft auf freien Marktzugang wartete.

Es ging nicht nur um freien Marktzugang, sondern es ging auch um die Idee der Grundfreiheiten, nämlich dass sich die Bürger als Wirtschaftssubjekte frei über die Grenzen in einem gemeinsamen Wirtschaftsraum bewegen können. Das hat in Europa zu Prosperität und zu einem ständigen Rückgang des Protektionismus untereinander geführt. Das heißt nicht, dass die Europäische Union dann nicht ihrerseits als Gemeinschaft, was etwa die Agrarpolitik angeht, protektionistische Tendenzen aufgewiesen hätte, aber eben nach außen und nicht mehr nach innen. Im Inneren der Gemeinschaft wurden die Konflikte, die Interessengegensätze, die seit den 1950er-Jahren natürlich nicht plötzlich verschwunden waren, kooperativ behandelt, ausgehandelt und in die institutionelle Ordnung des Wettbewerbs überführt. Konflikte wurden ausgeglichen, sogar auf dem schwierigen und zunächst wenig wettbewerbsgerechten Feld der Agrarmarktordnungen.

Das europäische System hat vor allen Dingen seine Innovation darin gefunden, dass die Staaten, die vorher gegeneinander finassiert und gerüstet oder Bündnisse geschlossen hatten, nunmehr verhandeln mussten. Die Europäische Union ist vom ersten Tag an ein permanenter Verhandlungsmarathon gewesen. Das hat sich bis heute nicht geändert. Es ist ein vernetztes Verhandlungssystem entstanden, und zwar auf verschiedenen Ebenen mit autonomen Akteuren, vor allen Dingen zunächst die Kommission, die Parlamentarische Versammlung bzw. das Europäische Parlament, der Europäische Gerichtshof als unabhängiges Gericht in diesem Institutionensystem und natürlich der Rat, der ein europäisches Organ ist, aber zugleich auch ganz genuin die Vertretung der Interessen der Mitgliedstaaten formuliert.

Europa hat mit der Funktionalität des Marktes und den Kräften des Wettbewerbes ein Verhandlungssystem mit eigenem Gewicht und eigener Entscheidungsmacht geschaffen, das seine Interessen ausgleicht und so wirkungsvoll dem Frieden dient, wirtschaftliche Prosperität fördert und damit die Demokratie in ihren praktischen Voraussetzungen sichert.

Politische Großraumambitionen und hinkende Demokratie

Zugleich allerdings ist das überstaatliche Regieren in Europa, je weiter es thematisch reichte und je intensiver die Regelungen wurden, auf das Problem der strukturellen Intransparenz gestoßen, das jedem verhandelnden Netzwerk anhaftet. Europa schleppt ein inhärentes Demokratieproblem mit sich herum. Damit ist nicht gesagt, dass die Kommissare oder EuGH-Richter nicht demokratisch ernannt wären. Die Legitimationsketten zum Volk, auf die das Bundesverfassungsgericht in seiner Rechtsprechung Wert legt, sind vielleicht lang, aber sie bestehen. Die Europäische Kommission, das Parlament ohnehin als direkt gewähltes Parlament, und auch der Europäische Gerichtshof sind alle demokratisch legitimiert. Das ist nicht das Problem. Das Problem liegt darin, dass eine demokratische Öffentlichkeit Alternativen, Parteien und Personen auf einer Bühne des Meinungskampfes beobachten können muss, vor allem im Regierungs-Oppositions-Dualismus. Auf dieser Bühne werden politische Alternativen formuliert und zugeordnet, wer für welche Programmatik steht. Das kann man in einem komplexen Verhandlungssystem nicht in gleicher Weise erwarten. Auch wenn sich eine europäische Öffentlichkeit stärker formieren würde, könnte sie in Brüssel nicht das beobachten, was wir in den klassischen Demokratien, in Nationalstaaten, kennen. Deshalb hat Europa ein funktionsbedingtes Demokratiedefizit, das nicht einfach mit einer gut gemeinten Reform beseitigt werden kann, sondern aus der Genese und aus der Idee des supranationalen Interessenausgleichs selbst stammt. Die exekutiv verbundenen politischen Eliten des alten Kontinents haben immer wieder große politische Pläne: Mal wollen sie wirtschaftlich die USA überholen, mal einen einheitlichen Raum der Sicherheit schaffen, mal mit einem humanen Asylrecht Vorbild für die Welt sein oder regional auf zwei weiteren angrenzenden Kontinenten den Frieden sichern. Aber nicht nur die Ressourcen sind knapp, auch die demokratische Legitimation hinkt den Prätentionen und sachlichen Notwendigkeiten hinterher. Viele Bürger sehen sich wie Zaungäste des eigenen Schicksals.

Spill-over-Effekte: Dynamik der Wirtschaft und Logik überstaatlicher Herrschaft

Was ist aus der guten alten funktionalen Einigungsidee geworden? Sie hat sich zunächst einmal genau so entwickelt, wie man sich das vorgestellt hat. Aus den Grundfragen, aus dem Gemeinsamen Markt wurde der Binnenmarkt, wurde ein mächtiger wirtschaftspolitischer Akteur, wurde der größte Binnenmarkt der Welt, der auch multinationalen Firmen wie Microsoft oder Google Bußgelder in Milliardenhöhe auferlegen kann. Das hätte kein einzelner Staat der Europäischen Union geschafft. Aber alle zusammen haben eine solche Organisationsmacht entwickelt, dass sie auf der weltpolitischen Bühne der Wirtschaft spielen können.

Funktionale Einigung bedeutet aber auch, dass man erwartet, dass aus dem wirtschaftlichen Zusammenwachsen ein Bedarf nach mehr gemeinsamer Politik entsteht. Schon in den 1950er-Jahren haben Politikwissenschaftler das als *Spill-over-Effekt* bezeichnet, also als einen Mehrwert aus der wirtschaftlichen Vereinigung, als einen Druck, der dazu führt, dass man auch politisch enger zusammenarbeiten muss. Denn wer einmal Grundfreiheiten zulässt, der braucht auch eine Gesetzgebung, die bestimmte Sicherheitsstandards gemeinsam vorschreibt; denn sonst müsste man – weil die einzelnen Mitgliedstaaten keine Handelshemmnisse errichten dürfen – die Produkte ohne staatliche Eingriffsmöglichkeit am Markt zulassen. Also braucht man harmonisierende Richtlinien oder Verordnungen, die einen gemeinsamen Produktsicherheitsstandard festlegen. Das ist ein völlig einfaches, banales Beispiel, aber in der Praxis gar nicht unwichtig. Wer Freizügigkeit erlaubt, der braucht auch eine Politik gemeinsamer Bildungsabschlüsse, und wer gegenseitige Anerkennung von Bildungsabschlüssen unter den Staaten propagiert, der braucht auch bald gemeinsame Normen, damit die Bildungsabschlüsse wirklich vergleichbar sind. Das sind die Spill-over-Effekte, wo immer eines das andere nachzieht.

Dies war von der funktionalen Einigungsidee her gewollt. Denn sie wollte nicht nur diese eine Idee verwirklichen, einen

Wirtschaftsraum organisieren. Sie wollte auch Europa politisch zusammenwachsen lassen, ganz wie es Artikel 1 Abs. 2 des Europäischen Unionsvertrages formuliert: eine immer engere Union der Völker Europas, mit Hilfe dieser funktionalen Einigungsmethode.

Aber man sieht, es ist eine Methode des Umwegs – nicht mit geöffnetem Visier, sondern funktionalistisch vorgehend. Was funktionalistisch ins Werk gesetzt wird, hat Vorteile, ist aber immer auch typischen Risiken ausgesetzt. Ein Risiko ist, dass dieser Umweg nicht richtig kommuniziert und verstanden werden kann, wenn das Visier geschlossen bleibt. Das heißt, Politiker fangen an, in einer gestanzten, bedingungslos affirmativen Art über Europa zu reden, und die Bürger hören sich das durchaus wohlwollend an, weil sie die europäische Friedens- und Wirtschaftsordnung wollen; aber sie haben doch den Eindruck, es wird nicht ganz die Wahrheit gesprochen.

Der Spill-over-Effekt der Währungsunion

Der Spill-over-Effekt hat solchen Einwänden zum Trotz zu einer gemeinsamen Wirtschaft und zu einem politischen Zusammenwachsen geführt. Die Einheitliche Europäische Akte von 1986 und vor allem der Maastrichter Unionsvertrag von 1992 haben die politische Vereinigung denn auch vertraglich vereinbart. Gleichzeitig wurde mit dem Maastrichter Unionsvertrag auch der nächste Spill-over-Effekt auf das Gleis gesetzt, nämlich eine gemeinsame europäische Währung. Die gemeinsame europäische Währung war ökonomisch – gestatten Sie mir diese Einschätzung eines Juristen – keineswegs zwingend notwendig. Denn Europa hatte ja schon lange, seit den Konflikten mit dem Europäischen Wechselkursverbund, gelernt, die Währungen aufeinander abzustimmen. Die Idee der Europäischen Währungsschlange war so schlecht nicht, gewisse Schwankungsbreiten oder auch Austrittsmöglichkeiten vorzusehen, falls ein Staat in wirtschaftliche Schwierigkeiten kommt, um das elastische Instrument der Währungspolitik zu behalten. Man hätte mit ein wenig institutioneller Fantasie währungspolitisch Schritt für Schritt anders vorgehen können. Aber man wollte politisch den nächsten Spill-over-Effekt setzen, Unumkehrbarkeit demonstrieren, einige wollten vielleicht auch einen mächtigen Hebel, um zum europäischen Bundesstaat voranzukommen.

Die Gemeinschaftswährung, der Euro, hat dazu geführt, dass sich Mitgliedstaaten mit geliehenem Geld versorgen konnten, wie sie das vorher in dieser Art und Güte, zu diesem Zinsniveau – seien wir ehrlich – nicht konnten. Auf Staaten, die wirtschaftlichen Nachholbedarf hatten, wirkte der Beitritt zur Währungsunion wie die Aushändigung einer goldenen Kreditkarte mit den glänzenden Symbolen der Stabilität und Wirtschaftsmacht Deutschlands, Frankreichs und der Niederlande auf der Vorderseite und dem wichtigen, aber gerne überlesenen Warnhinweis, dass jeder Besitzer der gemeinsamen Kreditkarte für seine Verbindlichkeiten nur selbst einsteht. Es bestand die Gefahr, dass alle Beteiligten nur die glitzernde Schauseite sehen und vergessen, wer die Vertragspartner sind, wenn man die Bonität von Banken und Staatsanleihen bewertet.

Dass der Euro als Währung durch eine allzu forsche öffentliche und private Verschuldung leiden könnte, hat man von vornherein als Risiko gesehen und deshalb die Stabilitätskriterien in den Maastrichter Unionsvertrag hineingeschrieben. Jeder wusste von den Stabilitätskriterien, dass sie schwer zu kontrollieren sind. Die Architekten des Maastrichter Unionsvertrages waren aber keine Anfänger und keine Träumer. Sie haben deshalb zwei Sanktionsmechanismen vorgesehen. Auf der einen Seite steht ein Verletzungsverfahren durch die Kommission, indes mit starker Bremsmöglichkeit der Mitgliedstaaten und dem wenig überzeugenden Sanktionsmittel des Bußgeldes. Heute tritt als weitere Bremse eine sich politisch verstehende Kommission hinzu, die integrative Rücksichten nimmt. Auf der anderen Seite wollte man aber auch – das sieht man in den Artikeln 120ff. des Vertrages über die Arbeitsweise der Europäischen Union, des ehemaligen EG-Vertrages –

eine Sanktionierung durch die Märkte, durch die Anleihenmärkte. Denn ein Staat, der schlecht wirtschaftet, der womöglich ein Insolvenzrisiko erzeugt, sollte durch hohe Zinsen auf seine Staatsanleihen bestraft werden. Deshalb wollte Artikel 125 des Vertrags über die Arbeitsweise der Europäischen Union (AEUV) mit dem Bail-out-Verbot vor allen Dingen die Märkte warnen, dass jeder Staat für sich steht, dass jeder Staat eigenverantwortlich für sich ist, damit die Märkte eine entsprechende Risikobewertung vornehmen.

Nun haben die Märkte das kaum getan, allerdings auch unter tätiger Mithilfe der europäischen Staaten; das sollte nicht verschwiegen werden. Wer hier von Marktversagen redet, der sollte nicht vergessen, dass es die europäischen Mitgliedstaaten waren, die in das Basel-II-Abkommen hineingeschrieben haben, dass Staatsanleihen für Banken «risikolos» sind. Und von dem, was risikolos ist, kann man viel im Keller haben, ohne Eigenkapital. Man braucht kein Eigenkapital für den Kauf von Staatsanleihen, wie das bei den Unternehmensanleihen, etwa bei Krediten an den Mittelstand, der Fall wäre. Und solange die Europäische Zentralbank (EZB) kräftig kauft, bleibt auch niemand auf Anleihen sitzen, und kein Risikokalkül trübt die mit den Augen der Finanzminister rosarote Aussicht niedriger Renditen.

Das heißt, dieses Spiel der Unvorsichtigkeit und der Unterhöhlung ihrer eigenen Regeln für die Währungsunion, das Risikospiel haben die Staaten als befangene Schiedsrichter mit auf den Weg gebracht, weil sie ein Interesse am Ausgang des Spiels hatten; denn sie wollten sich günstig refinanzieren. Seien wir also ehrlich, schieben wir die Verantwortung für die Notwendigkeit von Bankenrettungsaktionen nicht allein den Banken und dem in der Tat beklagenswerten Verlust von Solidität in diesem einst hoch angesehen Gewerbe in die Schuhe. Ich weiß nicht, wie sinnvoll es ist, ein Trennbankensystem vorzuschreiben, aber die Trennung der «Geschäfte» von staatlicher Fiskal- und Wirtschaftspolitik, dem Verhalten der Notenbanken und dem privaten Bankensektor ist jedenfalls ungleich dringender. Wenn Notenbanken die Globalsteuerung der Wirtschaft übernehmen und desolaten öffentlichen Haushalten unter die Arme greifen, entstehend Kurzschlüsse im System. Ähnliche Probleme bereitet das verflochtende System von staatlicher Schuldenpolitik und privatem Finanzsektor, der fortlaufend aufgefordert wird, riskante Staatsanleihen zu kaufen oder Kredite zu vergeben, obwohl Zweifel an der Bonität der Schuldner bestehen.

Fortbestand des sozialen Rechtsstaats und der persönlichen Freiheit nur auf Grundlage einer neuen Stabilitätskultur

Auch die Staaten Europas werden – genau wie die großartige japanische Wirtschaft – nur wieder gesund und können dann wieder die Verantwortung für vernünftige Regeln der Wirtschaft übernehmen, wenn sie aufhören, den Bürgern Sand in die Augen zu streuen mit der Behauptung, man könne Wirtschaftswachstum unbegrenzt monetär herbeiregulieren. Politisch instrumentalisierte Notenbanken, allmähliche Strangulierung der Marktkräfte und Staatshaushalte, die aus dem Gleichgewicht sind, gefährden inzwischen das politische Projekt der Einigung Europas und untergraben die Stärke des Westens. Wenn dann aber – wie zu hoffen ist – das Ende des «Pumpkapitalismus» (Ralf Dahrendorf) gekommen sein wird und die Stabilität und gesunde Wettbewerbsfähigkeit wiedergewonnen sind, kann politisch neu geplant werden, auch was den Fortgang des europäischen Projektes angeht. Die europäischen Staaten müssen zuerst wieder zurückkehren zu ihrer konzeptionell durchaus stimmigen Vertragsgrundlage.

Förderung der Wettbewerbsfähigkeit geschieht zwar politisch koordiniert, aber im Kern aus eigener Verantwortung. Ohne solide staatliche Politik und gute öffentliche Haushaltsführung und wettbewerbsoffene soziale Marktwirtschaft ist jeder Brunnen, aus dem politische Projekte ihre Kraft schöpfen vergiftet. Die europäische Integration hat ja deshalb solche Erfolge erzielt, weil sie wirtschaftlich vernünftig war. Wenn europäische Integration etwa über eine Zunahme planwirtschaftlicher Dirigismen oder über eine in den finanziellen Ausmaßen notwendigerweise gewaltige Transferunion wirtschaftlich unvernünftig werden sollte, dann kann die europäische Integration per se nicht gelingen; denn dazu fehlen ihr die Haltekräfte im kulturellen Fundament der Völker Europas. Um (vorübergehend) wirtschaftlich und politisch Unvernünftiges tun zu können, ohne dass die Grundlagen der Gemeinschaft aufs Spiel gesetzt wären, muss man, mit anderen Worten, viel enger zusammenstehen.

Aber wir wollen in Europa auch nichts Unvernünftiges tun, sondern sollten uns besser an den besonderen Charme der europäischen Einigungsidee erinnern, der doch darin liegt, solche Institutionen wie den Markt, den die Verträge inzwischen als soziale Marktwirtschaft definieren, sich entfalten zu lassen, um der Freiheit der Bürger und der demokratischen Selbstbestimmung der Staaten willen. Europa hat davon profitiert, dass Architekten wie Walter Hallstein oder Jean Monnet die wirtschaftliche Vernunft in die Institutionen Europas, etwa durch die Beihilfekontrolle und die Wettbewerbsaufsicht, hineingearbeitet haben wie einen genetischen Code.

Bindung macht vieles erreichbar, aber das Leben nicht nur leichter

Die Staaten, die der Idee des permissiven Konsenses[2] selbst erlegen sind, glaubten, wenn man nur eine Gemeinschaftswährung hat, dann wird das Leben leichter. Das ist aber ein Irrtum, ein grundlegender Irrtum. Wer eine Gemeinschaft begründet, macht sich nicht nur das Leben leichter, sondern er schafft sich andere Lebensumstände, denen er sich anpassen muss. Aus der freiwillig begründeten Gemeinschaft wächst eine andere Lebensqualität und eine andere Qualität von Freiheit, aber nicht per se ein sorgenfreies, leichtes Leben. Eine Gemeinschaft ist immer auch mit Las-

---

2 «Permissiv» meint eine kritische, ablehnende Haltung dem europäischen Integrationsprozess gegenüber (EU-Skepsis).

ten verbunden, und zwar vor allen Dingen mit der Last, eigenverantwortlich für sich selbst zu stehen. Denn wer in einer Gemeinschaft nicht für sich sorgen kann, fällt den anderen zur Last. Und wer gemeinschaftlich denkt, der will nicht selbst hilfebedürftig werden, gerade weil er selbst dem Bedürftigen gerne hilft. Jede Gemeinschaft lebt mit dem Problem des «moral hazard», dem finsteren Kalkül also, das Gute für sich selbst herauszuschlagen und die Lasten anderen zu überlassen. Eine Gemeinschaft braucht den Stolz und die durch Regeln gesicherte Motivation, eigenverantwortlich für sich selbst zu handeln, damit sie aus der Kraft der Vielen fähig wird, denjenigen zu helfen, die der Hilfe bedürftig sind. Das ist der universale, unhintergehbare Gemeinschaftsgedanke. Es kann keine Gemeinschaft gedeihen, wenn sich eine Mehrheit als hilfsbedürftig definieren würde oder wenn sie zuerst nach den Leistungen der anderen fragt und nicht, wie John F. Kennedy gesagt hat: «Frage nicht, was dein Land für dich tun kann, sondern was du für dein Land tun kannst!» Diese Frage sollte sich auch jeder Mitgliedstaat stellen, der seinen Blick auf die EU richtet.

Das Prinzip der haushaltspolitischen Eigenverantwortung der Mitgliedstaaten ist demnach nicht nur ein Petitum des Demokratieprinzips, wie das Bundesverfassungsgericht im Lissabon-Urteil (30.6.2009) und in den beiden nachfolgenden Urteilen zur Griechenlandhilfe (9.9.2011) und zum Europäischen Stabilitätsmechanismus (ESM) (12.9.2012) deutlich gemacht hat, sondern es ist und bleibt auch eine praktische Voraussetzung für das Gelingen der Europäischen Union.

Wenn wir in Deutschland, Griechenland, Spanien und Frankreich wieder zu einer dringend notwendigen neuen Mentalität soliden Wirtschaftens finden und damit zu den funktionellen Grundlagen der Europäischen Union zurückkehren, dann können wir die Union wieder so entwickeln, wie das eigentlich der funktionalen Einigungsidee entspricht. Dann wird sich erneut auch der politische Mehrwert einstellen, mit weiteren Schritten der politischen Integration. Dann ist es auch nicht ausgeschlossen, dass es durch die Erfolge dieses supranationalen Projekts irgendwann für die Bürger Europas ganz folgerichtig, ganz plausibel, vielleicht sogar zwingend sein wird, einen europäischen Bundesstaat zu gründen. Es kann aber auch sein, dass sie darauf verzichten und sagen: Diese pragmatische Balance zwischen handlungsfähigen Staaten und einer starken Union ist eigentlich die erstrebenswerte historische Innovation. Auch das ist nicht ausgeschlossen.

Abkehr von einer sozialtechnischen Mentalität des «Easy-Going» und Wiedererfindung bürgerlicher Selbstverantwortung als Grundlage einer Solidarität in Freiheit

Heute sind im Grunde genommen beide Wege durch eine Dysfunktionalität gefährdet, die aufgetreten ist, weil man mit der Hebelwirkung der Währungsunion, wie ich glaube, nicht richtig umgegangen ist. Es wäre falsch zu sagen: Das waren die Griechen und die «Südländer», die haben das ausgenutzt, die haben «Moral Hazard» gespielt. Es mag sein, dass das ein Stück weit wahr ist. Aber die Mentalität, die dahintersteckt, hat auch ein Land wie Deutschland maßgeblich mit befördert. Es ist eine Mentalität, die weit zurückgeht und in den 1960er- und 70er-Jahren dazu führte, dass man die Politik wirtschaftlich immer ehrgeiziger definiert hat, indem man die öffentliche Haushaltswirtschaft zur Konjunktursteuerung, zur Balancierung eines gesamtwirtschaftlichen Gleichgewichts eingesetzt hat. Wir haben 1967 und 1969 das Grundgesetz geändert, um solche wirtschaftspolitischen Ziele in die Verfassung hineinzuschreiben. Doch schon 1971 trat Alex Möller zurück, weil er als Bundesfinanzminister den Weg in den Schuldenstaat nicht gehen wollte. Es zeichnete sich damals eine neue Mentalität dahin gehend ab, dass man glaubte, mit Deficit-Spending im Grunde dauerhaft und nicht nur ausnahmsweise handeln zu können, d. h. auch dann, wenn keine Rezession in Rede steht. Die Mentalität des «Easy-Going» ist gescheitert, eine Einstellung, die meinte, auch in Zeiten des Aufschwungs darauf verzichten zu können, die Schulden zu tilgen, die man zur Rezessionsbekämpfung aufgenommen hatte.

Dieser halbierte Keynes[3], den die meisten Staaten des Westens praktiziert haben, droht heute Europa als wirschaftliches und politisches Projekt der Freiheit zu deformieren. Es handelt sich um eine Frage der Mentalität und nicht um eine Frage der falschen Institutionen oder eines Demokratiedefizits. Auch auf anderen politischen Feldern wie der Einwanderung haben sich die Eliten mit ihren globalisierten Wertesystemen und ihren universalistischen Realitätsannahmen von der Wirklichkeit gefährlich entfernt und fürchten jetzt das Volk, das sie als von Populisten allzu leicht verführbar betrachten.

Europa braucht eine andere Mentalität und muss von dem Glauben wegkommen, dass man durch immer neue Regeln und Kompetenzen, durch Verfassungen, durch Recht oder Geldflüsse maßgeblich Wohlstand generieren kann und die Menschen sozialpädagogisch unaufhörlich erziehen müsste. Das sind zwar alles Faktoren, die zweifelsohne Wirkungen auf die Wirtschaft und Gesellschaft haben, aber mit solch einem Knöpfedrücken vermag man weder die Wirtschaft noch die gesellschaftliche Kultur auf Dauer kausal zu steuern. Jugendarbeitslosigkeit oder Konjunkturdellen kann man nun mal nicht immer monetär wegregulieren: Das funktioniert so nicht. Die Wirtschaft zu steuern, ist ein sehr viel mühseligeres Geschäft, genauso wie der Aufbau Europas ein im Kern mühseliges Geschäft ist. Max Weber hat die Politik als «Bohren dicker Bretter» bezeichnet.

Es geht nicht nur um den schnellen Erfolg und um die glanzvolle Darstellung des Gelungenen. Es geht um jenes beharrliche Fortentwickeln von vernünftigen Institutionen. Diese Institutionen sind die parlamentarische Demokratie, der Rechtsstaat und die soziale Marktwirtschaft. Zu diesen Institutionen gehört auch der für die europäische Integration geöffnete Verfassungsstaat,

---

3   «Keynes» als Theorie der Wirtschaftswissenschaften besagt, dass die gesamtwirtschaftliche Nachfrage eine zentrale Bedeutung für die Größen «Beschäftigung» und «Produktion» besitzen (www.bpb.de/nachschlagen/lexika/lexikon-der-wirtschaft; 21.2.2017).

wie wir ihn in Europa nach schmerzlichen Lernprozessen entwickelt haben. Die europäische Integration befördert man nicht durch falsche Visionen einfacher Zentralisierungsrezepte, sondern durch eine kluge Balance zwischen lebendigen Mitgliedstaaten und starken Unionsorganen aus dem Geist der Kooperation und wettbewerbsfördernder Regelbildung. Die Völker und Bürger Europas wollen sich nicht mehr gegeneinander abschließen, sondern zusammenwachsen, aber vor allem als Menschen in ihren privaten Freiheitsräumen und Kulturen, in ihren gewachsenen offenen Verfassungsstaaten und immer mehr auch in dem Bewusstsein, Unionsbürger zu sein, aber nicht winzige Teile in einem gesichtslosen bürokratisierten Zentralstaat.

Die Sachzwänge der europäischen Staatsschuldenkrise, aber auch sehr unterschiedliche Reaktionen auf die Migrationskrise haben uns in Europa ein Stück auseinandergebracht. Wir alle sollten deshalb als gute Europäer dafür streiten, dass sich die Mentalität ändert und dass wir in einem sehr guten Sinne, in einem Sinne, der nicht parteipolitisch gemeint ist, wieder bürgerlich werden: umsichtiger, prüfender, verantwortlicher. Etwas mehr Verantwortungsethik, damit die Gesinnungsethik nicht unter die Räder gerät. Wir müssen Verantwortungs- und Haftungszusammenhänge wiederherstellen. Derjenige, der Freiheit beansprucht, muss dann auch für die Folgen seines Tuns haften. Aber dabei sollten wir nicht einfach nur auf Spekulanten, Banken und die Wallstreet schimpfen, sondern genau sehen, welche Anteile die demokratischen Staaten an einem System der relativen Verantwortungslosigkeit hatten, damit wir uns als Bürger auch selbstkritisch Fragen stellen können, nämlich ob wir die Politiker nicht allzu lange ermuntert haben, uns zu viel zu versprechen. Wussten wir nicht alle, dass die Politik einige ihrer Versprechen seriös gar nicht halten konnte?

Wenn Europa wieder gesunden soll, wenn die Kräfte eines fair geordneten Wettbewerbs sich wieder über Leistung, über Bildungsanstrengung entfalten und nicht so sehr staatlich über Deficit-Spending, dann wird unser Europa wieder ein Vorbild für die

Welt werden. Das europäische Projekt hat gezeigt, wie man den Staatenantagonismus, wie man Kriege und Verheerungen überwinden kann, wie man durch Ideen, Leistung und kluge Institutionen etwas Gemeinsames schafft, das eine Eigendynamik und einen Eigenstand hat. Die kostbaren Früchte von Freiheit und Frieden, die in den letzten 60 Jahren gewachsen sind, dürfen wir heute nicht aufs Spiel setzen. Die Idee Europas bleibt die Idee der Vielfalt, der Personalität, der Subsidiarität, einer Solidarität als Frucht von eigenverantwortlicher, vernunftbegabter Freiheit, die sich bindet und versteht, dass der Andere eine Voraussetzung eigener Freiheit ist. Die Werte Europas sind keine vorgestanzten Begriffe in Rechtstexten, sondern lebendige Werte einer aktiven Zivilgesellschaft, in der sich der Einzelne allein oder in frei gewählten Gemeinschaftsräumen entfaltet und nicht zum verwalteten Subjekt eines übermächtigen, bevormundenden politischen Gemeinwesens werden will. Europa wird wieder stark, wenn wir den Kontrakt der Gegenseitigkeit erneuern, der am Anfang der Neuzeit stand: Merkantilen Geist fördern, Eigensinn belohnen, Erfinden, Kalkulieren, Gestalten und Forschen als Tugenden wieder in den Vordergrund rücken, Technik und Kunst, Gründungs- und Bindungswillen als Formen der eigentlichen Selbstverwirklichung begreifen und vor allem der Überschätzung einer allzu sozialtechnischen Weltsicht entsagen. Die Zukunft Europas liegt nicht in einem neuen Leviathan. Keine neue Nation wird hier mit Eisen geschmiedet, keine postmodernen Panzerkreuzer mit blauen Sternenbannern sind das Ziel, sondern der gekonnte und immer auch pragmatische Ausgleich zwischen Regionen und Nationen, Kulturen und Interessen in einem Klima der persönlichen Freiheit. Soziale Marktwirtschaft und rechtsstaatliche Konsistenz stehen auf der Agenda. Das kooperierende Europa wird sich dem zentralisierten Europa als überlegen erweisen, ebenso wie das liberal-soziale dem bürokratisch überregulierten überlegen ist. Europa braucht kaum neue Institutionen, keine Vermachtung und übermächtige Zentralität, sondern einen konstruktiven Streit um politische Wege und Mentalitäten.

Thierry Carrel

«Der alte Patient und das MEER»

Leben und sterben lassen in der hochspezialisierten Medizin[1]

Am 29. Oktober 1965, also heute vor genau fünfzig Jahren, starb mein Großvater. Ich war damals leider erst fünf Jahre alt, aber ich mag mich sehr gut an ihn erinnern. Er kam immer am Freitag zum Mittagessen, ich durfte auf seinem Schoß sitzen, er erzählte mir Geschichten und las aus Büchern vor. Einmal nahm er meine Hand in seine und sagte: «Ich hoffe, dass diese Hände etwas Gutes arbeiten werden». Und plötzlich war er krank, schwerkrank. Er war von seiner Krebserkrankung so abgeschwächt, dass er das Bett nicht mehr verlassen konnte. Und eines Tages bat er mich und meine Mutter zu sich ans Bett. Er zeigte mir seine silbrige Armee-Trompete, ein kostbares Instrument aus Paris, spielte uns ein, zwei Stücke, und dann versorgte er es im Koffer und schenkte mir dieses wunderbare Instrument, mit der Hoffnung, dass ich später einmal selber Trompete spielen würde. Es waren seine letzten Worte – ich selber war nicht richtig traurig. Ich hatte ja die Trompete meines Großvaters soeben bekommen und konnte mich nicht vorstellen, dass er einige Tage danach nie mehr da sein werde. Beim nächsten Besuch bei meiner Großmutter war der Großvater, der zugleich mein Götti war, im Wohnzimmer aufgebahrt. Der Pfarrer kam ins Haus, und abends wurde der Rosenkranz gebetet. Ich habe damals nicht verstanden, was der Tod heißt, aber meinen Großvater habe ich jahrelang vermisst. Erst als etwas später meine Taufpatin und

---

1 Prof. Dr. Dr. h. c. Thierry Carrel hielt dieses Referat am 29. Oktober 2015 im Rahmen der Otto Karrer Vorlesung in der Jesuitenkirche Luzern.

dann noch meine Großmutter starben, verstand ich etwas mehr, was diese anthroposophische Konstante bedeutet.

Heute, 50 Jahre später, wäre mein Großvater mit größter Wahrscheinlichkeit uns nicht so schnell weggeraubt worden. In der Zwischenzeit bin ich selber als Spitalmediziner fast täglich mit Situationen und Patienten konfrontiert, die einen Hauch vom Tod entfernt sind. Und trotzdem habe ich selten das Gefühl, dass der Tod uns Menschen wegraubt. Wir setzen uns für unsere Patienten ein und möchten ihnen noch einige Jahre des irdischen Lebens ermöglichen.

Nun, der Titel meines Vortrags lautet: *Der alte Patient und das MEER. Leben und sterben lassen in der hochspezialisierten Medizin*. Der erste Teil des Titels erinnert nicht zufällig an Ernest Hemingways Kurzroman «Der alte Mann und das Meer», der als Parabel des Lebens zu verstehen ist.

Ganz kurz zum Inhalt des Romans: Der alte kubanische Fischer Santiago ist nun schon 84 Tage lang mit seinem Boot hinaus aufs Meer gefahren, ohne auch nur einen einzigen Fisch zu fangen. Die jungen Fischer, die durch den Verkauf von Hai-Leber so viel Geld verdienen, dass sie sich Motorboote leisten können, betrachten das Meer als einen Gegner, den sie bezwingen müssen. Der alte Mann jedoch hält die See für etwas Überirdisches, man könnte fast sagen für etwas Göttliches, Zitat: «etwas, was große Gunst gewähren oder vorenthalten kann». Der Fisch, der schließlich anbeisst, muss gewaltig sein. Er macht den alten Mann zum alten Patienten. Dieser muss die Leine ständig in der Hand halten und über die Schulter laufen lassen, um mit seinem Körper die heftigen Bewegungen des Fisches abzufedern. Der Rücken schmerzt, und die Handflächen reißen auf. Sein Berufsethos leitet ihn, wenn er sagt: «Ich darf die Schmerzen des Fisches nicht größer werden lassen. Meine Schmerzen sind ganz egal, ich kann sie beherrschen, seine hingegen nicht». Der große Fisch tut ihm leid, es sind also neben dem Berufsethos auch moralische Bedenken, die ihn quälen. Aber das ändert nichts an seinem Entschluss, den Fisch zu töten.

«Wie vielen Menschen wird er als Nahrung dienen, denkt er. Aber sind sie es Wert, ihn zu essen? Nein, natürlich nicht. Es gibt niemand, der es wert ist, ihn zu essen».

Der Fischer steckt also im Dilemma, weil er glaubt, einen ethischen Kodex verletzt zu haben. Es ist für ihn in dieser Situation geradezu unethisch, dass ein Mensch ein Tier tötet, auch wenn es der Nahrungsaufnahme dient. Das Blut, das beim Stich mit der Harpune in das Herz des Fisches ins Meer strömt, lockt die Haie an. Der Fischer kann ein paar Haie abwehren, doch die Haie haben seinen Fang weitgehend zerfetzt. Und er ahnt, dass noch mehr Haie kommen werden. Er sinniert: «Vielleicht war es sogar eine Sünde, den Fisch zu töten.» Mit der Sünde kommt neben Moral, Ethos und Ethik nun die vierte Instanz ins Spiel, die Religion. Die Anfangsbuchstaben dieser vier Begriffe ergeben geradezu auf wunderbare Weise das Wort MEER, das ich im Titel für meine heutigen Überlegungen gewählt habe.

Das ist zwar nicht ganz ein Zufall, da alle vier Begriffe heute in meinem Alltag einen festen Platz gefunden haben, und ich schätze die heutige Herausforderung sehr, wenn ich mich mit Ihnen an das Thema «Leben und sterbenlassen in der hochspezialisierten Medizin» herantasten darf.

Der alte Mann und das Meer kann als Parabel des Lebens verstanden werden. Als die Erzählung 1952 erschien, war sie ein ungeheurer Erfolg. Von der Illustrierten «Life», in der sie vorabgedruckt wurde, waren in zwei Tagen fast fünfeinhalb Millionen Exemplare verkauft. Wenn Hemingway 1954 den Nobelpreis erhielt, dann vor allem wegen dieser Geschichte. Es gab unzählige Versuche, diese Parabel zu deuten, auch eine christliche Deutung: Heißt der alte Fischer nicht Santiago, benannt nach dem Christi Jünger Jakobus, Jakobus der Ältere, lateinisch Jacobus Major, oder spanisch eben Santiago. War nicht Jakobus auch Fischer? Sind seine wunden Hände von den Leinen nicht sozusagen stigmatisiert?

Ich möchte diese Deutungen hier nicht weiter vertiefen und mich von der «schönen Belletristik» weg der «schnöden Realistik» zuwenden. Denn im Gegensatz zum alten Fischer: Der alte Patient ist keine Parabel, sondern tägliche Realität in unseren Spitälern. Und auch hier begegnen uns die vier oben genannten Instanzen: Der alte Patient im Spannungsfeld zwischen Moral, Ethos, Ethik und Religion, wobei der erste Buchstabe, das M, durchaus auch für Medizin und der letzte für Recht stehen dürften. Ich möchte Ihnen aufzeigen, in welchem Kontext lebenswichtige Entscheidungen unter anderem am Lebensende (aber nicht nur) gefällt werden müssen, vom Patienten selbst, seinen Angehörigen, der Gesellschaft und auch von uns Ärzten.

Wir wurden zu Menschen und wir werden zu Menschen, indem uns der Tod zum Problem wird. Soweit wir in die Geschichte zurückschauen können, bestatten Menschen ihre Verstorbenen und erzählen sich Geschichten zur Deutung der Sterblichkeit ihres Daseins – mythische Erzählungen, Märchen, Parabeln. Alle Religionen, alle Kulturen kennen und überliefern solche Geschichten im Mund ihrer Priester und Seher, ihrer Dichter und Deuter. Erst unsere moderne Kultur ist dabei, sich von diesem Erbe zu trennen.

Heute betrachten wir zumindest teilweise unser Leben mit einem naturwissenschaftlichen Auge, und wir verwenden unsere wachsende Naturerkenntnis dazu, die natürlichen Bedingungen des Todes zur Verlängerung des Lebens zu manipulieren. Zuständig dafür sind wir Ärzte. Im Gegensatz zu den Medizinmännern der alten Stammeskulturen beschwören wir nicht mehr den Geist der Krankheit, sondern wir untersuchen die Ursachen des Krankheitsgeschehens, und wir versuchen, diesen ihre schmerzerregende oder todbringende Wirkung zu nehmen. In den Erwartungen der Gesellschaft werden wir Ärzte nicht selten zu Herren über Leben und Tod hochstilisiert.

Je weniger noch die Frage nach dem Sinn des Daseins sich stellt, desto verzweifelter wird das Verlangen nach Lebensverlängerung. Und so sollen wir Ärzte den Tod bekämpfen, wie das letzte noch nicht erlegte Raubtier unserer Zivilisation. Der Arzt hat heute in gewissem Sinne die Pflicht, alles, buchstäblich alles zu tun, um das schon gewonnene Spiel des Todes nach Möglichkeit noch einmal zu durchkreuzen. Die Erwartungen unserer Patienten sind nicht selten unbegrenzt: Wir dürfen häufig keine therapeutische Maßnahme vorenthalten, wir dürfen keinen Fehlentscheid treffen und selbstverständlich auch keinen Fehler machen.

Wir dürfen uns vor dem Schicksal nicht ohnmächtig zeigen, wir haben Fälle zu behandeln, einen nach dem anderen, in immer engeren und in immer dichter vernetzten Zuständigkeitsbereichen. Können wir dieses Bild und sogleich auch diesen Auftrag erfüllen? Die Antwort ist eigentlich sehr klar: Nein! Wir dürfen nicht nur, sondern wir müssen uns als Menschen mit menschlichen Gefühlen und mit menschlichen Schwächen zeigen, den alles ruft förmlich nach einem menschlicheren Umgang mit unseren Patienten, ob sie ernsthaft krank sind oder sich in Todesnähe befinden. Da tut es gut, ja, da scheint es sogar notwendig, jenen Erzählungen neue Aufmerksamkeit zu schenken, die sich nicht nur naturwissenschaftlich, sondern etwas grundsätzlicher mit dem Problem befassen, was der Tod für unser Leben und Erleben darstellt.

In der heutigen Medienwelt werden medizinische Themen mit hoher Priorität behandelt; da wird vieles besprochen und versprochen, von banalen über lebensbedrohliche Erkrankungen bis hin zu Behandlungen, die uns vor dem Älterwerden schützen sollten.

Im Gegensatz dazu bleiben theologische Themen und gerade die Auseinandersetzung mit dem Tod in der Gesellschaft und in den Medien eher ausgeblendet. Diese weitgehende Ausblendung hat meines Erachtens mehrere naheliegende Gründe. Zum einen die Scheu der akademischen Theologen, die Dinge so zu vereinfachen, dass sie medien-, oder besser gesagt publikumstauglich werden, und zum anderen die Befürchtung der Verantwortlichen in den Medien, ihren Lesern oder Zuschauern eine auch dann immer noch zu komplizierte und möglicherweise schockierende Thematik anzubieten.

Es ist in der Tat so: Religion und Wissenschaft weisen eine komplexe Geschichte auf. Heute noch, in unserer modernen Welt, sind die Zusammenhänge zwischen diesen zwei hochinteressanten Bereichen komplex geblieben. Vor einigen Jahrhunderten kamen

Heiler aus der Welt der Mönche, Rabbis und Imame und solange Krankenschwestern Ordensfrauen waren, gab es keine klare Trennung zwischen Biologie und Religion, wenn es um die Ursache einer Krankheit ging und auch keine klare Trennung zwischen der somatischen und spirituellen Komponente einer Behandlung. In der modernen Ära wird zwischen Religion und Wissenschaft respektive Medizin streng unterschieden, beide befassen sich mit sehr unterschiedlichen Domänen. Die Religion untersucht die Natur eines Allmächtigen Gottes und schenkt Rituale zur Implementierung der Wünsche dieses Gottes, währenddessen die Wissenschaft solche metaphysischen Merkmale ausschließt und versucht, durch experimentelle Untersuchung die Mechanismen der materiellen Welt zu verstehen und allenfalls zu beeinflussen.

Interessanterweise trennt die Mehrheit unserer Patienten diese zwei Bereiche (Religion und Gesundheit respektive Krankheit) nicht so scharf. Es besteht bei ihnen kein absolutes Schisma. Religion kann, wahrscheinlich mehr als irgendeine andere Kraft, engste Interferenzen mit dem Erleben einer Krankheit auslösen.

In den Vereinigten Staaten zum Beispiel verwenden recht viele Patienten und Ärzte östliche Philosophien oder Lebensweisen wie Buddhismus oder Taoismus als integrale Bestandteile einer klinischen Behandlung. Das Wort Heilen steht sprachlich dem nahe, was wir als Heil bezeichnen. An den religiös-spirituellen Bezug des Wortes Heilen darf man heute erinnern, ohne belächelt zu werden. Denn die früher verbreitete Verbannung des Religiösen aus der Medizin hat sich überholt. Erfahrene und mitfühlende Ärztinnen und Ärzte erkennen auch in unserer Gesellschaft, dass ihnen im Heilungsprozess mancher Krankheiten nicht nur eine technische und psychologische, sondern auch eine seelsorgerische Aufgabe zukommt. Ich finde es ermutigend, dass ich heute (und die Einladung zur diesjährigen Otto-Karrer Vorlesung ist ein schöner Beweis dafür), in der Ära einer triumphierenden Heiltechnik, die Frage nach einer Verwandschaft von Medizin und Theologie stellen darf, ohne mich des Mystizismus oder der Esoterik verdächtig zu machen.

Kommen wir zurück auf den Titel des Vortrages und beleuchten wir nun das MEER. Warum haben die Begriffe, die im Akronym MEER enthalten sind (also Moral, Ethik, Ethos und Religion) im heutigen Gesundheitswesen an Wichtigkeit zugenommen? Vielleicht weil wir heute in der vermeintlich glücklichen Lage sind, dass viel mehr machbar ist als wünschbar, während unsere Vorfahren mehr gewünscht hatten, als damals machbar war.

In der Tat, die Hightech Medizin wird heute von einigen grossen Herausforderungen geprägt:

– Vom demografischen Wandel mit immer älteren, multimorbiden Patienten,
– vom unbegrenzten Fortschritt, wobei neue medizinische Produkte, die im besten Fall technischer Fortschritt sind, im schlechtesten Fall dem Patienten auch mal schaden könnten,
– vom Anspruchsdenken der Gesellschaft und der Patienten, d. h., im Schadensfall ist die beste Behandlung gerade gut genug,
– von einer Ökonomisierung der Medizin, weil medizinische Ressourcen nur begrenzt und oft nicht für alle gleichermaßen verfügbar sind – denken Sie an die Spenderorgane für die Transplantation.

Als Herzchirurg habe ich das Privileg, mitten im menschlichen Herzen zu arbeiten. Eine Tätigkeit, die ein perfektes Zusammenspiel von intellektuellen und manuellen Fertigkeiten verlangt, aber auch Ausdauer und Kompromisslosigkeit. Was meinen Beruf ausserdem spannend macht, sind die unzähligen Begegnungen mit unterschiedlichsten Menschen, der Einsatz von Hochtechnologie, die häufig verblüffende Resultate ermöglicht, aber eben auch die Tatsache, dass gelegentlich die Grenzen des Lebens erreicht werden, die wir zu respektieren haben. Als Mediziner bin ich meinen Patienten verpflichtet, so lange es Sinn macht.

Ich möchte meinen Patienten wieder Hoffnung schenken, ihre Schmerzen oder Symptome lindern, Ihnen eine bessere Lebensqualität geben und, wenn möglich, eine längere Lebenserwartung schenken. Zusammengefasst und bildlich ausgedrückt könnte dies heißen: Licht geben!

Gleichzeitig muss ich aber auch ein Auge darauf richten, dass das Nicht-Empfehlen einer Therapie, ja vielleicht die palliative Behandlung und die anschließende Sterbebegleitung nicht als Niederlagen angesehen werden. In einer Gesellschaft, in der Sinn durch Effektivität und Rentabilität ersetzt wird, haben es die Menschen und Institutionen schwer, die sich mit Palliativmedizin und Sterbebegleitung beschäftigen. Wissenschaftliches Renommee erlangt man mit medienwirksamen Behandlungsmethoden und mit einer aufwendigen kurativen Hightech-Medizin, nicht aber mit der nicht minder aufwendigen Pflege von Sterbenden.

Und doch: Eine Therapie, die nicht mehr Heilung zum Ziel hat, ist ganz anders zu konzipieren und muss ihre Wirksamkeit auch anders überprüfen. Die Kunst des Arztes ist hier mehr als sonst geprägt von Zurückhaltung. Beobachtungsfähigkeit ist gefragt, ärztliche Empathie und Zeit für lange und schwierige Gespräche. Sich in Geduld üben, viel Zeit aufwenden und auf greifbare Erfolge verzichten, das aber sind in der Regel nicht die Eigenschaften der Macher. Unsere Gesellschaft ist bereit, für Effekte zu zahlen, nicht jedoch ohne Weiteres für Sinn und sinnvolles Handeln. Der Mythos vom allheilenden medizinisch-technischen Fortschritt darf uns nicht die Augen vor der Kosten-Nutzen-Analyse und von der ethischen Vertretbarkeit von sehr teuren Eingriffen, zum Beispiel an älteren Menschen, verschließen.

Heute, 50 Jahren nach dem Tod meines Großvaters, ist es uns möglich, praktisch jedem 85- bis 90-jährigen Patienten, der an einer Abnützung des Ausgangventils seiner linken Herzkammer leidet, dank chirurgischer Operation oder wenig belastendem Katheter-Verfahren zu einer besseren Lebensqualität und längeren Lebenserwartung zu verhelfen. Dieser Eingriff ist technologisch gesehen sehr anspruchsvoll und deshalb auch viel teurer als die konventionelle offene Herzoperation. Aber die aktuelle Entwicklung zeigt, dass die neue Methode, die ursprünglich nur bei sehr alten und Hochrisiko-Patienten empfehlenswert war, sich explosionsartig vermehrt. Spitäler erzielen mit diesem neuen Verfahren zurzeit einen höheren Gewinn als mit der konventionellen Operation, und die Hersteller der neuen Katheter-Herzklappe wollen so schnell wie möglich einen Return of Investment und werben entsprechend sehr aggressiv für diese Technik. Nun stellt sich zunehmend die Frage, ob wirklich jeder 90-jährige Patient, bei dem eine entsprechende Abnützung der Aortenklappe festgestellt wird, wirklich behandelt werden muss. Jede Woche werden mir solche Patienten vorgestellt, und es ist fast immer einfacher eine Therapie zu empfehlen als sie abzulehnen.

Deshalb verlange ich von mir und von meinen Mitarbeitenden bei solchen Situationen eine Antwort auf folgende Fragen: Machen-Können, Machen-Müssen, Machen-Sollen und schließlich Machen-Dürfen. Mit diesen Fragen werden die Technologie, der Wunsch der Gesellschaft und die Anspruchshaltung der Patienten und nicht zuletzt die ethische und ökonomische Vertretbarkeit beleuchtet. Für die Ärzteschaft und damit auch für mich bleibt dann die letzte Frage: Wollen wir, will ich das überhaupt machen?

Doch wie wir Ärztinnen und Ärzte, Pflegefachpersonen und Therapeutinnen und Therapeuten im Alltag – direkt am Krankenbett – mit solchen Fragen umgehen sollten, etwa ob eine Therapie empfohlen, abgelehnt oder sogar abgebrochen wird, das ist gelebte klinische Ethik, eine anwendungsorientierte Disziplin der Medizinethik. Die klinische Ethik ist eine vergleichsweise recht junge Disziplin. Eines der ersten Ethikkomitees wurde in den sechziger Jahren in Seattle gegründet, nachdem es Medizinern und Ingenieuren gelungen war, eine Hämodialyse-Maschine zu entwickeln, also eine Maschine zur Blutwäsche, die bei Menschen mit irreversibler Nierenstörung eingesetzt werden kann. Dank dieser Maschine war es zwar erstmals möglich, Menschen mit Nierenversagen vor dem sicheren Tod zu retten. Doch diese Maschine stellte die behandelnden Ärzte auch vor neue Probleme: die Zahl der Behandlungsplätze war beschränkt, und neue Behandlungsplätze zu schaffen war mit hohen Kosten verbunden. Angesichts der Tatsache, dass in den USA jährlich ca. 20 000 Menschen neu an Nierenversagen erkrankten, die Menschen, die bereits eine Dialysebehandlung erhielten, aber aufgrund der Behandlung nicht mehr verstarben, hatte zur Folge, dass der Bedarf an Behandlungsplätzen exponenziell stieg. Es musste eine Lösung gefunden werden, wie mit dieser Knappheit umgegangen werden konnte. Es wurde ein Komitee gegründet. Dieses Komitee suchte unter denjenigen Patienten, die von den Ärzten und Psychiatern als grundsätzlich für eine Behandlung geeignet angesehen wurden, schließlich diejenigen Patienten aus, die eine der raren Dialysebehandlungen erhielten. Das Komitee, das aus sieben Mitgliedern – sechs davon medizinische Laien – bestand und deren Identität geheim gehalten wurde, geriet rasch in die Kritik der Öffentlichkeit. Den Mitgliedern wurde vorgeworfen, «Gott zu spielen» und ohne moralische oder ethische Richtlinien, rein aufgrund ihres Gewissens oder ihrer persönlichen Einstellung, über Leben und Tod zu entscheiden.

Doch nicht nur die Erfindung der Hämodialyse, ebenso die Fortschritte der Medizin generell führen dazu, dass Ärzte, aber auch Politiker, Sozialwissenschaftler und die gesamte Gesellschaft immer wieder mit Fragen nach dem richtigen und gerechten Umgang mit den neuen Technologien konfrontiert werden.

Auch Philosophen und Theologen, die sich traditionellerweise vielleicht eher mit der Moral und dem guten und richtigen Handeln auseinandersetzen, beteiligten sich zunehmend an den medizinischen Debatten. Durch diese interdisziplinäre Zusammenarbeit wurde das theoretische Fundament der Medizin- und der klinischen Ethik gelegt.

Am Inselspital in Bern haben Ärzte, Pflegefachkräfte und andere Therapeuten jederzeit die Möglichkeit, die sogenannte Fachstelle für klinische Ethik beratend hinzuzuziehen. Der Kontakt mit der professionellen Ethikberatung kann im Idealfall die Mitarbeiter sensibilisieren, sich mit ihren eigenen Wert- und Normvorstellungen auseinanderzusetzen. Dabei ist es ein Irrtum zu glauben, dass die hinzugezogene Ethik-Fachperson Entscheidungen trifft. Sie berät ausschließlich und kann im optimalen Fall neue Sichtweisen einbringen. Sie fördert ganz sicher die interprofessionelle Zusammenarbeit. Entscheidungsprozesse werden transparenter, schwierige Entscheidungen am Krankenbett können insgesamt besser nachvollzogen werden.

Aber die klinische Ethik ist leider schon rein örtlich stark limitiert. Sie findet eben gerade nicht auf Fachtagungen, universitären Veranstaltungen und in wissenschaftlichen Zeitschriften statt. Ort der Handlung sind Patientenzimmer, Besprechungsräume in Spitälern, bei Notfallsituationen und auf der Intensivstation, besonders nachts und an Wochenenden. Es sind Sitzungen und Besprechungen in stark gemischten Personal-Zusammensetzungen, ernste Fallbesprechungen unter hohem Entscheidungsdruck. Es ist in unseren Spitälern offensichtlich, dass sich mehr Theologen für die klinische Ethik engagieren als Philosophen. Das liegt vielleicht auch daran, dass klinische Ethikkommissionen primär in Spitälern tätig sind. Und dass in Spitälern nun mal eher Theologen und Seelsorger als Philosophen anzutreffen sind. Ich bedaure das: Es bräuchte aus meiner Sicht durchaus auch philosophische Zugänge zur klinischen Ethik und vor allem mehr junge Philosophinnen und Philosophen in der Medizinethik.

Die schweizerische Akademie für medizinische Wissenschaften präzisiert die Rolle der klinischen Ethik:

«Ziel einer ethischen Unterstützung ist es, die betroffenen Personen und Institutionen bei ethisch schwierigen Werteabwägungen in ihrer Entscheidungsfindung zu unterstützen. Die ethische Unterstützung soll zur Transparenz der Entscheidungsfindung beitragen, das Erkennen von Werte- und Interessenskonflikten fördern und Lösungsansätze aufzeigen. Empfehlungen sind konsultativ: Ethische Unterstützung legitimiert sich allein durch die vorgebrachten Argumente.»[2]

---

2 Schweizerische Akademie für medizinische Wissenschaften: Ethische Unterstützung in der Medizin. Basel, [2]2016, 7 (Datei als Download unter: www.samw.ch/de/Publikationen/Richtlinien.html).

Gerade im Bereich der Spitzenmedizin kann es leicht zu Konflikten kommen, auch zwischen Ärzten und Pflegenden, wenn unterschiedliche Personen im Behandlungsteam verschiedene Auffassungen über Nutzen und Wirksamkeit einzelner Therapien haben. Zum Beispiel wenn am Lebensende der palliativen Versorgung zu wenig Platz eingeräumt wird.

Der Umgang mit dem Sterben kann auch in professionellen Teams zu großen Emotionen führen, und einer mag dann sagen: «Das ist unethisch, das kann ich nicht mit meinem Berufsethos vereinbaren.» Fehlt die Kommunikation im Team oder gibt es Unstimmigkeiten, hört der Patient oder seine Angehörigen im ungünstigsten Falle vom Arzt, von der Pflegefachperson und vom Physiotherapeuten drei gegensätzliche Meinungen zur weiteren Therapie. Spätestens hier muss den Mitgliedern des Behandlungsteams gesagt werden, dass eine Vermischung zwischen den eigenen Moralvorstellungen und der Berufsrolle falsch ist. Dies wird insbesondere in ethischen Fallbesprechungen deutlich, wenn Teammitglieder sich zu ihren Wertehaltungen bekennen. Bei jeder Fallbesprechung müssen die vier biomedizinischen Prinzipien der Ethik berücksichtigt werden: die Sorgfalt (primum nihil nocere), die Fürsorge und die Bereitschaft zur Hilfe, der Respekt vor der Patientenautonomie und die Gerechtigkeit.

Nehmen wir nur als Beispiel den letzten Punkt, die Gerechtigkeit. Gerecht handeln bedeutet, dass man sich als Arzt auch über die ökonomischen und ökologischen Auswirkungen seines Tuns im Klaren sein muss. Man muss zum Beispiel eine bestimmte Therapieoption «ressourcengerecht» zwischen Patienten aufteilen. Wie steht es zum Beispiel mit der gerechten Verteilung von Organen im Hinblick auf eine Transplantation? Werden ältere Patienten zugunsten von jüngeren diskriminiert? Glücklicherweise leben wir in einer Gesellschaft, in der der Zugang zu diagnostischen und therapeutischen Möglichkeiten für alle Menschen zu jeder Zeit möglich und verfügbar ist. Im Bereich der Transplantationsmedizin aber sind die Verhältnisse leider nicht so ideal. Oft müssen Patienten, die auf eine Organverpflanzung angewiesen sind, während Monaten oder gar Jahren auf ein Gut warten, das nicht überall und zu jeder Zeit verfügbar, sondern als wertvolles Geschenk eines verstorbenen Menschen zu betrachten ist. Da niemand für die Verfügbarkeit von anfallenden Organen verantwortlich ist, steht keiner Seite (Patient, Transplantationszentrum oder Staat) das Recht auf ein gespendetes Organ zu. Zu Transplantationszwecken freigegebene Organe stellen deshalb sozusagen ein öffentliches Gut dar. Wer über eine möglichst gerechte Zuteilung nach besten Wissen und Gewissen zu bestimmen hat, ist kontrovers. Der Staat, also die Bevölkerung, oder Ethiker, Juristen, medizinische Spezialisten? Es stellt sich in diesem Zusammenhang die Frage, ob eine gerechte Zuteilung des seltenen Gutes «Spenderorgan» überhaupt möglich ist.

Die Erlebnisse und Erfahrungen, die ich als Student, Assistenzarzt, Oberarzt und Chefarzt in den letzten 30 Jahren sammeln durfte, haben mir immer wieder gezeigt, dass sich Auseinandersetzungen über die Gerechtigkeit am heftigsten und fundamentalsten an Fragen der Gesundheit entzünden. Die Suche nach Gerechtigkeit wird nie ein Ende finden. Sie darf es aber auch nicht. Neue Entwicklungen werden immer wieder ein Überdenken dieser Grundfragen nötig machen.

Die Transplantation von Organen hat selbstverständlich vielfältigen Grundwerten des menschlichen Zusammenlebens Rechnung zu tragen, die in der Moraltheologie, Ethik und Philosophie, aber auch in der Soziologie, im Recht, in der Ökonomie und in der Politik zum Ausdruck kommen. Jedem Patienten soll die beste Chance für eine erfolgreiche Transplantation geboten werden. Darüber hinaus soll sichergestellt werden, dass mit jedem gespendeten Organ mit größter Umsicht und mit Respekt umgegangen wird.

Auch das bis zum Inkrafttreten des neuen Transplantationsgesetzes im Jahr 2007 geltende Modell der Organverteilung funktionierte in der Praxis an sich sehr gut. Medizinische, aber auch ethische und juristische Fachkreise diskutierten trotzdem kontrovers über deren Grundsätze und Regeln, besonders unter dem besonders sensiblen Aspekt der Gerechtigkeit. Man stellte sich deshalb die Frage, ob sich der Staat einmischen und den Bereich der Organzuteilung regeln solle oder nicht. Diese Frage wurde mittlerweile positiv beantwortet. Die Bundesverfassung gab dem Gesetzgeber den Auftrag, Kriterien für eine gerechte, man könnte sagen noch gerechtere Organverteilung festzulegen. Aus der expliziten Erwähnung in der Bundesverfassung wurde deutlich, dass es sich bei der Organzuteilung um einen zentralen Regelungsaspekt der Transplantationsmedizin handelt. Man versuchte insbesondere, einen Ausgleich zwischen ethischen, medizinischen und sozioökonomischen Kriterien zu finden und einen rationalen Entscheidungsprozess zu ermöglichen.

Primäres Ziel war dabei die Schaffung einer möglichst großen Transparenz. Zudem wollte man einen Ausgleich zwischen den Behandlungsinteressen der auf eine Transplantation wartenden Patienten gewährleisten. Gleichzeitig sank aber in den letzten Jahren für viele Patienten die Chance deutlich, bei der Verteilung der Organe berücksichtigt werden zu können. Für manche bedeutete das den Tod. Mehr als in jeder anderen Sparte der hochspezialisierten Medizin wirft die Organknappheit deshalb das Problem auf, wie und nach welchen Kriterien die zur Verfügung stehenden Organe verteilt werden sollen und Gerechtigkeit gewahrt werden kann.

Anders als bei seltenen Gütern oder bei unbeschränkt verfügbaren medizinischen Leistungen kann der Patient seinen Bedarf nicht durch höhere Geldleistungen oder auf ähnliche Weise decken. Noch weniger aber kann der Kranke auf das Organ verzichten, denn es ist für ihn lebenswichtig. Der anhaltende Organmangel zwingt zum Führen der bereits erwähnten Wartelisten und zur Auswahl eines Patienten aus der entsprechenden Liste, sobald ein geeignetes Organ verfügbar ist. Für den erfolgreich transplantierten Patienten bedeutet der Organersatz die Rettung seines Lebens oder zumindest die Erlösung von einer belastenden und einschränkenden Ersatztherapie, zum Beispiel der Kreislaufunterstützung mittels Kunstherz, oder beim Nierenkranken der Blutwäsche mittels Dialyse.

Als unbestrittene medizinische und ethische Kriterien oder Prinzipien der Organverteilung nach Bestätigung der Indikation zur Transplantation und Aufnahme auf der Warteliste gelten: die Dringlichkeit, die Übereinstimmung von Blutgruppe und Größe, die Chancengleichheit und die Erfolgsaussichten. Die Tatsache, dass trotz der Einführung eines Transplantationsgesetzes die Allokationsfrage zu problematischen Situationen führen kann, soll das folgende Beispiel aufzeigen. Von einem Kantonsspital wurde der Organisation SwissTransplant das Spenderherz eines verstorbenen jungen Mannes gemeldet. Die computerbasierte Allokation wählte als Organempfänger einen 50-jährigen ledigen Mann aus, dessen Name erst seit einigen Tagen auf die Warteliste gesetzt worden war. Nach Meinung aller behandelnden Ärzte des organempfangenden Zentrums wäre das Organ aus medizinischer Sicht für eine junge Patientin besser geeignet gewesen. Zudem war die Patientin Mutter von zwei Kindern und wartete (im gleichen Transplantationszentrum) seit mehreren Monaten an einem mechanischen Unterstützungssystem auf ein passendes Organ. Der computergestützte Entscheid für die zentrale Allokation war in diesem Fall nicht nur medizinisch fragwürdig, sondern aus der Sicht der beteiligten Mediziner ethisch zu hinterfragen. Trotzdem durften wir als Mediziner die computerisierte Zuteilung des Spenderherzens nicht infrage stellen.

Erlauben Sie mir, einen zweiten Aspekt der biomedizinischen Ethik anzusprechen, nämlich den Respekt vor der Patientenautonomie. Patienten sollen verstehen, was im Verlauf einer medizinischen Behandlung mit ihnen geschieht, sie sollen sich zu den Behandlungsschritten freiwillig und rational entscheiden. Mit einer Patientenverfügung sorgt man für Situationen vor, in denen man durch einen Unfall oder eine Krankheit nicht mehr selber entscheiden kann. Man hält im Voraus fest, welchen medizinischen Maßnahmen man zustimmt und welche man ablehnt. Das erleichtert Ärztinnen und Ärzten schwierige Entscheide zu fällen und entlastet auch Angehörige.

Nun kommt ein großes Aber: Diese Prinzipienethik ist aus meiner Erfahrung auch nicht frei von Missverständnissen und löst somit neue Problemen aus. Oft wird die Sache mit der Patientenautonomie überstrapaziert. Folgendes Beispiel aus dem letzten Monat aus meiner Klinik: Wir waren immer wieder mit der Frage konfrontiert, wie man sich zu verhalten hat, wenn der Patient eine bestimmte Behandlung wünscht, der Arzt aber keine Indikation dafür sieht. Konkret ging es um die Behandlung eines Aortenaneurysmas, einer Erweiterung der Bauch-Schlagader. Der bald 80-jährige Patient wies sehr viele zusätzliche Krankheiten auf, und das Team vertrat die Meinung, dass eine zurückhaltende Haltung (d. h. in diesem Fall den Verzicht auf eine Operation) die beste Option für diesen älteren Menschen war, nicht zuletzt um ihn nicht durch eine therapeutische Maßnahme zu gefährden. Der Patient und seine Familie waren mit unserem Entscheid nicht glücklich – was gab es für andere Optionen für sie: Nach einer Zweitmeinung in einem anderen Spital zu fragen oder uns wegen fehlender Hilfeleistung anzuzeigen?

Diese Behandlung war medizinisch zwar indiziert, im gesamten Kontext aber nicht unbedingt sinnvoll. Es war für uns aber klar, dass das Nicht-Durchführen des Eingriffes ein gewisses Risiko für den Patienten bedeutete, an einer Ruptur der Aorta zu versterben. Dieses Beispiel zeigt, dass im konkreten Fall zwar ethische Aspekte die Hauptrolle spielen, plötzlich aber auch juristische Aspekte zum Tragen kommen können. Denn aus medizinischen Gründen beinhaltet eine abgelehnte Behandlung sicherlich das faktische Risiko, dass ein enttäuschter Patient oder dessen Angehörige rechtliche Schritte einleiten – mit dem justiziablen Vorwurf, dass ein allfälliger Schaden durch die verlangte Behandlung verhindert worden wäre. Gibt es hier eine Patentlösung? Wie soll man sich denn verhalten?

Ich möchte – in diesem kirchlichen Raum – abschließend noch ein paar Gedanken zum Thema «Medizin und Religion» äußern. Ein Thema, bei dem Sie, verehrte Damen und Herren, sicher die Kompetenzhoheit besitzen. Lassen Sie mich dennoch ein paar

Aspekte herausgreifen, die die spirituelle Dimension in der hochspezialisierten Medizin berühren. Ich könnte zwei provokative Fragen stellen. Zum Beispiel: Ist das Sterben in der Hightech-Medizin noch erlaubt? Oder soll den Patienten vor einem Eingriff das Beten empfohlen, ja verordnet werden?

Zur Veranschaulichung schildere ich Ihnen folgendes Erlebnis: Im Anschluss an ein Aufklärungsgespräch vor einem sehr schwierigen und gefährlichen Eingriff fragte mich eine Frau, Mutter von drei Kindern im Teenager-Alter, ob ich vor dem geplanten Eingriff mit ihr für sie und ihre Familie beten würde. Diese Frau litt an einer langjährigen, komplexen Herzkrankheit, für die es vor einigen Jahren nur noch die Herzverpflanzung als therapeutische Option gegeben hätte. Sie hatte sichtlich große Angst vor dem bevorstehenden Eingriff, hatte ein Testament redigiert, eine Patientenverfügung unterschrieben und sich bei den drei Kindern verabschiedet – wie sie mir eben berichtete. Ich war von ihrer Frage überrascht, merkte aber gleichzeitig, dass sie in diesem Augenblick eine klare Antwort von mir erwartete. Diese Frau gehörte zu denjenigen Patienten, die immer noch große Achtung für das Wort eines Arztes haben. Zu diesem Zeitpunkt wurde mir bewusst, dass ich während meines Studiums oder später während meiner weiteren Spezialisierung niemals einen Hauch von Ausbildung in dieser Hinsicht erhalten hatte. Eine solche wäre mir in der Formulierung einer unverzüglichen, aber auch passenden Antwort vielleicht behilflich gewesen.

Folgende Gedanken kamen mir blitzartig in den Sinn: Soll ich das Zimmer verlassen, ohne auf das Anliegen der Patientin einzugehen? Und dies gerade in dem Augenblick, in dem sie ganz konkret nach Hilfe fragt? Oder soll ich ganz einfach mit dieser Patientin beten, wie sie dies wünscht? Wäre es vielleicht besser, auch zu später Stunde den Spitalseelsorger oder die Seelsorgerin zu rufen?

Zu diesem Zeitpunkt kam mir ein Spruch meines Philosophielehrers in den Sinn, ein Dominikaner, der uns sagte: «Kein Buch hat die abendländische Kultur, ihre Ethik, Kunst und Literatur so tief geprägt wie die Bibel. Selbst der religiös höchst unmusikalische Bertold Brecht soll auf die Frage nach dem für ihn wichtigsten Buch der Weltliteratur geantwortet haben: «Sie werden lachen, die Bibel!». Somit war meine Reaktion klar: Ich holte eine Bibel und las der Patientin die kurze Passage aus dem Buch des Propheten Ezechiel: die Verwandlung des steinernen in das fleischerne Herz. Eine der zentralsten und immer wiederkehrenden Frage, die sich ein Patient in einer schwierigen Situation (z. B. vor einem Eingriff oder nach der Eröffnung einer schlechten Prognose) stellt, ist die Frage des Warum? Weshalb ich? Nicht selten wird ja auch uns Ärzten diese Frage gestellt.

In dieser Hinsicht dürfte die Frage nach der Existenz Gottes nur den wenigsten Menschen völlig gleichgültig sein. Von Leiderfahrungen unterschiedlichster Art bleibt wohl niemand in seinem Leben verschont. Alle Religionen, die sich zu einem allmächtigen und gütigen Gott bekennen, müssen sich die Frage gefallen lassen, warum dieser Gott in seiner Schöpfung so unermessliches Leid zulässt. Warum erschuf er eine Welt, in der Naturkatastrophen, Krankheiten, Schmerzen und andere Widerwärtigkeiten täglich unzähligen Geschöpfen das Leben schwer, ja zur Hölle machen? Warum all dieses scheinbar so sinnlose Leid in einer Welt, die angeblich von einem Gott der Liebe und der Gerechtigkeit erschaffen wurde? Warum, um ein weiteres Beispiel anzuführen, dürfen sich viele Menschen bis ins hohe Alter eines ausgezeichneten Gesundheitszustandes erfreuen, während andere bereits in jungen Jahren mit schweren gesundheitlichen Problemen zu kämpfen haben?

Die überlieferten Antworten des Glaubens verlieren in der heutigen Zeit an Überzeugungskraft. Atheisten sehen in der Existenz des Leidens den stichhaltigsten Einwand gegen den Glauben an Gott, und Theologen entgegnen mit unterschiedlichen Antwortversuchen. Dieses Thema gehört für mich zu den spannendsten Auseinandersetzungen in der Theologie, an der Grenze zur Medizin. Die Interpretation des Zusammenhangs zwischen Krankheit und Schuld ist ein heikles Thema. Vor etwas mehr als 50 Jahren waren die Aussagen diesbezüglich klar. So lesen wir noch in dem «grünen Katechismus», den die deutschsprachigen Bistümer im Jahre 1955 herausgaben (Nr. 11, S. 22):

«Gott läßt Leid über uns kommen, um uns dadurch zum Heile zu führen. Bei allem hat Gott eine heilige Absicht, auch wenn wir sie nicht verstehen.
Gott will uns durch das Leid dazu führen, daß wir uns vom Bö sen bekehren. Das Leid kann eine heilsame Strafe sein, durch die wir zur Erkenntnis unserer Schuld kommen sollen.»

Diese Ausführungen beantworten leider viele existenzielle Fragen nicht, die in Krankheit und Not aufbrechen. Glücklicherweise gehören sie der Vergangenheit an. Befreiender und ermutigender wirkt ein neuer Verkündigungstext der Katholischen Kirche im sogenannten Weltkatechismus aus dem Jahre 1993 («Katechismus der Katholischen Kirche» 1500 f.):

«Krankheit und Leiden gehören von jeher zu den schwersten Prüfungen im Leben des Menschen. In der Krankheit erfährt der Mensch seine Ohnmacht, seine Grenzen und seine Endlichkeit. Jede Krankheit kann uns den Tod erahnen lassen.
Krankheit kann zu Angst, zu Rückzug auf sich selbst, zuweilen sogar zur Verzweiflung und zur Auflehnung gegen Gott führen. Sie kann aber auch den Menschen reifer machen, ihm den Blick dafür öffnen, was in seinem Leben unwesentlich ist, so dass er sich dem Wesentlichen zuwendet. Sehr oft führt Krankheit zur Suche nach Gott, zur Rückkehr zu ihm».

Aus dem Blickwinkel des naturwissenschaftlichen Mediziners interpretiere ich Krankheit anders als aus der Anschauung des philosophierenden Arztes. Als Klinikdirektor einer Abteilung mit sehr vielen lebensbedrohlichen Notfallsituationen bin ich oft genötigt, Krankheit vordergründig zu betrachten, als etwas Isoliertes und Fremdes, als etwas Skandalöses, dem wir Ärzte den unerbittlichen Kampf ansagen müssen. Dank der Möglichkeit, meine

Patienten zu ihrer Vorgeschichte zu befragen oder sie mittelfristig nach einer Behandlung beobachten zu dürfen, bin ich oft sehr daran interessiert tiefer zu dringen, nicht nur die Krankheit, sondern auch das Umfeld einzelner meiner Patienten anzuschauen, die individuelle Persönlichkeit des Kranken.

Ich stelle gerne die zwei Gesichtpunkte gegenüber: hier den vordergründig heiltechnisch, dort den psychologisch Hinterfragenden. Hier: Krankheit, Sand im Getriebe, Kalk in den Gefäßen, wegzufegen durch unsere Reparaturkunst. Dort: Krankheit als Schicksal mit einem lebensgeschichtlichen Hintergrund. Oft ist das mechanistisch-somatische Krankheitsverständnis hinreichend und durchschlagend erfolgreich: Dies gilt vor allem für die Akutmedizin, wo oft einzelne Organe kritisch, ja lebensbedrohlich erkrankt sind und so rasch als möglich repariert werden müssen. Tiefsinnige Überlegungen sind nicht gefordert, zum Beispiel bei der Ruptur der Hauptschlagader oder beim Herzinfarkt. Bei anderen Patienten genügt dieser mechanistische Blick allerdings nicht. Bei manchen chronisch-kranken Patienten müssen wir Krankheit und Leiden umfassender betrachten. Wir müssen den heiltechnischen Horizont erweitern und beherzigen, dass Körper, Seele und Geist nicht getrennt werden können, und dass in der Entstehung mancher Erkrankungen neben den somatischen Ursachen auch psychologische, soziale und spirituelle Aspekte eine wesentliche Rolle spielen können. Hier muss die Frage nach den tieferen Gründen des Leidens gestellt und beantwortet werden, nach dem lebensgeschichtlichen Hintergrund, allenfalls nach dem verborgenen Sinn. Mir schrieb ein Patient, den wir aus einer lebensbedrohlichen Situation gerettet hatten: «Jeder, der sozusagen am Rande des Grabes gestanden hat und gerettet wurde, macht sich Gedanken. Vor allem bin ich dankbar, nicht nur der Wissenschaft, sondern auch den Mitmenschen gegenüber, die Großartiges geleistet haben. Seither hat sich etwas in meinem Leben besonders geändert. Ich lebe bewusster, alles was ich unternehme wird mit viel Herzblut durchgezogen. Ich erkenne die Endlichkeit unseres Daseins deutlicher und versuche jeden Tag, Positives zu erleben und zu genießen». Noch etwas fügte dieser Patient an: «Ich fühle mehr Kraft in mir und einen leidenschaftlichen Willen, etwas zu tun. Ich will nicht nur konsumieren, sondern auch etwas realisieren». Wie erfüllend, dass ich von diesem Menschen zusätzlich zum Stand seiner Genesung auch etwas über seine tiefsinnige Motivation und seine spirituelle Haltung erfahren durfte.

Im Zeitalter atemberaubender High-Tech-Fortschritte wird es immer schwieriger, sich an eine alte, oft vergessene Devise der Ärzteschaft zu erinnern, die besagte: manchmal heilen – oft lindern – immer trösten. Dies war die Maxime der christlichen Hospize in früheren Zeiten (auch hier ein Bezug zur Religion), als schwere Krankheiten kaum je geheilt wurden. Heute ist heilen gewaltig im Vordergrund, und das ist auch gut so. Vor lauter heiltechnischer Betriebsamkeit kann es um das Krankenbett manchmal einsam werden, vor allem um das Krankenbett eines Sterbenden. Sicher ist es besonders schwer, sich einzugestehen, dass man nichts mehr machen soll, wo man nichts mehr machen kann. Es besteht immer die Gefahr, nur um der eigenen Resignation und Hilflosigkeit zu entgehen, irgendetwas zu tun. Palliative Medizin heißt nicht passive Medizin, ganz im Gegenteil. Das lateinische Wort *palliare* heißt auf Deutsch «den Mantel umlegen». Was für ein sinnvolles Stammwort für barmherzig umhüllende Palliation, diese allein auf Linderung, Begleitung und Tröstung ausgerichtete Lebenshilfe auf dem letzten Abschnitt eines Lebensweges, wenn der Patient – rein reparativ betrachtet – ausbehandelt ist.

Unheilbar kranke Menschen sind nicht «austherapiert». «Der unheilbar Kranke und seine Behandlung», das war vor sechzig Jahren das Thema der Rektoratsrede von Prof. Dr. med. Jakob Klaesi an der Universität Bern. Sein letzter Gedanke lautete: «Das alles ist der Arzt: ein Wissenschafter, ein Krieger, ein Erbarmer, ein Erzieher, ein Priester und ein Künstler. Sein höchstes ärztliches Wirken und Können setzt da ein, wo die Heilbarkeit der Krankheit aufhört». Meine Erfahrung mit allerlei praktischen Situationen im Alltag zeigt mir, dass ein steter potenzieller Konflikt auf dem Gebiet der medizinischen Ethik lauert. Dieser Konflikt erwächst aus den völlig unterschiedlichen, ja gegensätzlichen Ansichten zweier Antipoden, der Chirurg als Macher und der Ethiker als akademischer Theoretiker. Auf der einen Seite finden sich die Chirurgen, die unter permanentem Druck arbeiten und oft zu raschen Entschlüssen gezwungen werden, die durch die klinische Situation bedingt sind.

Auf der anderen Seite stehen die gelehrten akademischen Ethiker und Moralphilosophen, die über Ethik nachdenken, meistens in Isolation, in einer sterilen Studierstube. Koexistenz, Kooperation, aber auch Konflikte kennzeichnen die Beziehung zwischen Medizin, Ethik und Religion. Unterschiedliche Sichtweisen dieser Bereiche betreffen häufig Anfang und Ende des Lebens und stehen in Zuammenhang mit medizinischen und gesellschaftlichen Entwicklungen. Zwischen unseren Berufsgattungen (Theologie, Philosophie, Ethik und Medizin) muss zwingend eine noch sichtbarere und spürbarere Annäherung stattfinden, eine Annäherung ganz im Sinne von Otto Karrer, dessen wir heute mit dieser Vorlesung gedenken.

Ich hoffe, es ist mir gelungen, Ihnen aufzuzeigen, dass auch ein Herzchirurg nicht um das MEER herumkommt. Dass wir uns nicht nur mit komplexen Operationen und einer herausfordernden Technik befassen müssen, sondern auch mit tiefgreifenden Fragen von Moral, Ethik, Ethos und R(eligion?) konfrontiert sind. Wir befassen uns täglich mit Leben und Tod. Ich danke Ihnen für Ihr reges Interesse, das mir zeigt, dass wir bei diesen Entscheidungen nicht alleingelassen werden. Ich danke für die große Ehre, die Otto-Karrer-Vorlesung 2015 halten zu dürfen.

Literatur

Bartels, Klaus: Muße und Unmuße: Aristotelische Lebenskoordinaten. Referat an dem Kongress des Deutschen Altphilologenverbandes in München am 21. April 2006. In: *Kipf, Stefan (Hg.):*

Antike im Dialog. Klassische Sprachen und Werteerziehung heu
te. Münchner humanistische Reden, herausgegeben vom Deutschen Altphilologenverband. Leipzig/Stuttgart: Klett, 2007, 87ff.

Bühlmann Walter: Warum gerade ich? Biblische Meditationen
eines Krebskranken. Luzern: Rex, ²2003.

*Candy, Bridget/Jones, Lousie/Drake, Robyn/Leurent, Baptiste/King,
Michael:* Interventions for supporting informal caregivers of
patients in the terminal phase of a disease. Cochrane Database
Syst. Rev. 15 (2011), CD007616.

Carrel, Thierry: Der Tod bleibt für mich eine der wichtigsten Aufgabe. In: *Panian, Rebecca/Ibello, Elena (Hg.):* Zu Ende denken –
Worte zum Unausweichlichen. Gockhausen: Wörterseh, 2013,
201–204.

Carrel, Thierry: Gerechtigkeit in der medizinischen Versorgung am
Beispiel der Zuteilung von Spenderorganen. In: *Barfuß, Walter
u. a. (Hg.):* Gedanken zur Gerechtigkeit. Festschrift für Hans
Giger zum 80. Geburtstag. Bern: Stämpfli, 2009, 151–169.

Carrel, Thierry: Spirituelle Dimension in der hochspezialisierten
Medizin. In: *Thurneysen, André (Hg.):* Kontraste in der Medizin.
Zur Dialektik gesundheitlicher Prozesse. Bern u. a.: Lang, 2009,
181–194.

Carrel, Thiery: Sterben, der Tod und die Zeit danach. In: *Kuhn,
Achim (Hg.):* Deadline. Prominente über Leben und Sterben,
Zürich: TVZ, 2015, 268–273.

Chuengsatiansup, Komatra: Spirituality and health: an initial propo-
sal to incorporate spiritual health in health impact assessment.
In: Environmental Impact Assessment Review 23 (2003) 3–15.

Dondelinger, Patrick: Kann der Glaube heilen? In: *Stulz, Peter (Hg.):*
Theologie und Medizin. Ein interdisziplinärer Dialog über Schmerz
und Leiden, Heil und Heilung. Zürich: Chronos, 2004, 117–138.

D'Souza Russell: The importance of spirituality in medicine and its
application to clinical practice. In: Med. J. Aust. 186 (2007),
Suppl. 57–59.

*Edwards, Adrian/Pang, Nannan/Shiu, Vanessa/Chan, Cecilia Lai
Wan:* The understanding of spirituality and the potential role of

spiritual care in end-of-life and palliative care: a meta-study of qualitative research. In: Palliat. Med. 24 (2010) 753–770.

Ernst, Edzard/Hung, Shao Kang: Great expectations: What do patients using complementary and alternative medicine hope for? In: Patient 4, (2011) 89–101.

Goldmann, Hans: Vom Geist der Medizin. Rektoratsrede an der Universität Bern. Berner Rektoratsreden. Bern: Haupt, 1965, online unter: www.eisner-georg.ch/Medizinisch/Geist/GeistRede.pdf.

Gross, H. P.: Is it appropriate to pray in the operating room? In: J. Clin. Ethics 6 (1995) 273–274.

Hemingway, Ernest: Der alte Mann und das Meer. Hamburg: Rowohlt, 1952 u. ö.

Katechismus der Katholischen Kirche. München u. a.: Oldenbourg u. a., 1993 u. ö.

Katholischer Katechismus der Bistümer Deutschlands. Ausgabe für das Bistum Münster. Münster (Westf.): Aschendorff, 1955.

Klaesi, Jakob: Der unheilbar Kranke und seine Behandlung. Rektoratsrede an der Universität Bern. Berner Rektoratsreden. Bern: Haupt, 1950, 22.

Körtner, Ulrich H. J.: Spiritualität, Religion und Kultur auf der Intensivstation – wie verträgt sich das? In: Wiener klinische Wochenschrift 121 (2009) 230–235.

Largiadèr, Felix/Candinas, Daniel/Mosimann, François (Hg.): Organ-Allokation. Zuteilung von Organen für die Transplantation. Bern: Hans Huber, 1997.

Loewy, Erich H.: Ethische Fragen in der Medizin. Wien: Springer, 1995.

Oelz, Oswald: Improve ars vivendi and moriendi. In: Swiss Med Wkly 131 (2001) 363–364.

Reichert, Klaus: Unlesbare Literatur. Warum Geisteswissenschaftler die Bibel lesen müssen. In: Forschung & Lehre. Alles was die Wissenschaft bewegt. Religion und Wissenschaft. 3/2010. Online unter: www.forschung-und-lehre.de/wordpress/?p=4163 &print=1.

Rössler, Dietrich: Der Arzt zwischen Naturwissenschaft und Metaphysik. In: *Stulz, Peter (Hg.):* Theologie und Medizin. Ein interdisziplinärer Dialog über Schmerz und Leiden, Heil und Heilung. Zürich: Chronos, 2004, 182.

Saha, P./Das, S.: Highlighting the anti-carcinogenic potential of an ayurvedic medical plant, Swertia Chirata. In: Asian Pacific Journal of Cancer Prevention 11 (2010) 1445–1449.

Simoens, Steven/Dooms, Maxime: How much is the life of a cancer patient worth? A pharmaco-economic perspective. In: J. Clin. Pharm. Ther. 6 (2011) 249–256.

Sloan, Richard P. u. a.: Should physicians prescribe religious activities? In: New Engl. J. Med. 342 (2000) 1913–1916.

Stulz, Peter: Die heutige Medizin im Wandel. In: Bulletin. Vereinigung Schweiz. Hochschuldozenten 4 (2004) 21–26.

Stulz, Peter: Vorwort. In: *Albisser Rudolf/Loretan, Adrian (Hg.):* Spitalseelsorge im Wandel. Berlin: LIT, 2007.

Sulmasy, Daniel P.: Spirituality, Religion and Clinical Care. Chest 135 (2009) 1634–1642.

von Engelhardt, Dietrich: Ethik und Ethos des Patienten. In: Wiener Medizinische Wochenschrift 152 (2002) 306–308.

Vorgrimler, Herbert: Neues Theologisches Wörterbuch. Freiburg i. Br.: Herder, 2000.

Wren, Anava A./Wright, Melissa A./Carson, James W./Keefe, Francis J.: Yoga for persistent pain: New findings and directions for an ancient practice. In: Pain 152 (2011) 477–480.

Guido Fluri

Wiedergutmachung – auch ein Thema der Ethik[1]

Es ist mir eine große Freude, aber auch eine Ehre, heute hier vor Ihnen sprechen zu dürfen. Eine Ehre aus zwei Gründen:

Da ist einmal die eindrückliche Liste von Rednerinnen und Rednern, die vor mir gesprochen haben und die alle einen bedeutenden Beitrag geleistet haben für die Gesellschaft, für die Kirche, im Bereich der Politik oder in der Wissenschaft.

Dass zudem ich, als unehelich und mittellos geborenes Kind, heute vor Ihnen stehen darf, erfüllt mich daher mit Stolz. Stolz – nicht auf *meine* Person, nein, stolz auf unser Land: Es zeigt, dass man heute hier, in dieser Schweiz, seinen Beitrag leisten kann, auch wenn die Startchancen zu Beginn schwierig waren.

Die eigentliche Ehre, hier reden zu dürfen, hängt aber mit der Hauptperson zusammen, zu deren Andenken wir hier zusammengekommen sind: nämlich mit Otto Karrer, dem römisch-katholischen Theologen und Religionsphilosophen. Obgleich er selber nie eine Professur innehatte, wirken sein Schaffen und sein Einfluss als Theologe nach – *mehr* als bei vielen seiner Zeitgenossen. Sein Werk, in dem er sich mit den grundlegenden Fragen des menschlichen Lebens auseinandergesetzt hat, hat nichts an seiner Tiefe und Aktualität eingebüßt – anders als bei vielen anderen theologischen Schriften. Und so ist Otto Karrer gerade auch mir, der sich als

---

1 Guido Fluri hielt diesen Vortrag am 11. Mai 2017 im Rahmen der Otto-Karrer-Vorlesung in der Jesuitenkirche Luzern.

Christ definiert, mehr als nur ein Name – Otto Karrer war und ist mir eine wahre Orientierungshilfe.

Eine Orientierungshilfe in vielen Bereichen, eine Orientierungshilfe vor allem aber, wenn es um Fragen der menschlichen Würde geht. Mein politisches Engagement für die Verdingkinder und für die Opfer von fürsorgerischen Zwangsmaßnahmen war nämlich – dies nehme ich gerne vorweg – in erster Linie ein Kampf um die menschliche Würde.

Schicksal und Würde des Menschen

Otto Karrer hat sich schon früh mit dieser menschlichen Würde auseinandergesetzt. Unter dem Eindruck des nationalsozialistischen Terrors hat er mit dem kleinen Buch «Schicksal und Würde des Menschen» eine große Schrift verfasst, deren Erkenntnisse bis heute tief beeindrucken.

Ausgangspunkt von Karrers Überlegungen ist die Überzeugung, dass alle Menschen gleich sind. Karrer begründet diese Gleichheit theologisch, wenn er schreibt: «Vom Glauben an die Vaterschaft Gottes ergab sich uns die Brüderschaft der Menschen»[2].

Ausfluss dieser «Brüderschaft der Menschen» ist für Karrer eine universelle Würde. Es geht ihm dabei nicht um eine Würde des Christen oder der sogenannten guten Menschen. Karrer spricht bewusst von der «Menschenwürde». Diese Menschenwürde ist *jedem* Menschen eigen, denn sie beruht auf der Überzeugung, dass *jeder ein Geschöpf des Allmächtigen ist.* Karrer schreibt darum: Jeder «Mensch ist wertvoll, auch der geringste, unscheinbarste»[3].

Und weil eben jeder Mensch eine Würde hat, begründet diese Würde eine zwingende Ehrfurcht vor jedem Menschenantlitz. Karrer schreibt: «Aber kein Mensch gegenüber dem anderen [...] hat ein Recht, sein Leben selbst zu nehmen, zu begrenzen, oder ihm

---

2   *Karrer, Otto:* Schicksal und Würde des Menschen. Die Frohbotschaft Christi. Grundfragen des menschlichen Lebens. Einsiedeln: Benzinger, 1940, 83.

3   A. a. O. 85.

die wesentliche Grundlage für das menschenwürdige Dasein zu entziehen»[4].

Gleich, wie die Menschenwürde gottgegeben ist, ist für Karrer die Verletzung der Menschenwürde ein Akt gegen Gott. Karrer spricht in diesem Zusammenhang von einer antichristlichen Trinität: «Leugnung Gottes das Erste, Leugnung der menschlichen Brüderschaft das Zweite und schließlich Leugnung des Individuums, Verstümmelung und Vernichtung der Persönlichkeit, der Gewissensfreiheit, ja des physischen Daseins selbst!»[5]

Als Karrer 1940 diese Zeilen schrieb, wurde die Menschenwürde mit Füssen getreten. In der sogenannten Euthanasie wurden Behinderte getötet, politisch Andersdenkende verfolgt, zwischen Herren- und Untermenschen unterschieden und als Konsequenz Homosexuelle, Sinti und Roma und Juden vernichtet. Der Holocaust, der Massenmord an sechs Millionen Juden, stellt den eigentlichen Gipfel dieses Zivilisationsbruchs dar. Zurecht hüten wir uns, die nationalsozialistischen Verbrechen in ihrer Einmaligkeit und Systematik auf andere dunkle Kapitel der Geschichte übertragen zu wollen. So würde den Holocaust relativiert und die Geschichte falsch interpretiert.

Doch auch wenn wir die nationalsozialistischen Verbrechen, die im Holocaust mündeten, in keiner Weise mit den fürsorgerischen Zwangsmaßnahmen hier in der Schweiz vergleichen wollen und sollten: Karrers Beschreibung, wie die Abwertung einzelner Gruppen von Menschen einem «Angriff auf die Menschen selbst» gleichkommt, diese Einsicht ist durchaus übertragbar.

Das geistige Fundament, dass gewisse Menschen weniger wert seien als andere, diese Geisteshaltung gab es auch bei uns in der Schweiz: Vor allem Menschen, die den früheren gesellschaftlichen und moralischen Wertvorstellungen nicht entsprachen, arm oder randständig waren, wurden Opfer von fürsorgerischen Zwangsmaßnahmen und Fremdplatzierungen.

---

4   A. a. O. 86.

5   A. a. O. 84.

Zum Beispiel die Verdingkinder: In der Schweiz wurden bis weit ins 20. Jahrhundert Kinder auf Dorfplätzen versteigert und verdingt. Jährlich wurden Zehntausende Kinder vorwiegend aus verarmten Familien oder aus Waisenhäusern von den Behörden abgeholt und auf Bauernhöfe verteilt. Dort wurden viele zur Kinderarbeit gezwungen, als Dienstmagd oder Verdingbub ausgebeutet, teilweise schwer misshandelt oder sexuell missbraucht. Viele Kinder starben aufgrund der körperlichen Anstrengungen und Missbräuche.

In staatlichen, kirchlichen und privaten Heimen wurden Tausende Kinder systematisch gedemütigt, gezüchtigt, körperlich misshandelt und teilweise auch sexuell missbraucht. Auf Kosten der Schulbildung wurden viele Heimkinder zur Kinderarbeit gezwungen und ausgebeutet. Weil es an konsequenten staatlichen Kontrollen fehlte, waren die Kinder in diesen geschlossenen Institutionen ihrem Schicksal schutzlos ausgeliefert. Die Missbrauchsfälle wurden in den meisten Fällen nicht geahndet.[6]

Dieses dunkle Kapitel hat sich hier bei uns abgespielt und: Es ist nicht einfach Geschichte. Die Opfer leben noch immer mitten unter uns.

Zum Beispiel Rudolf Züger, der 1942 geboren wurde und heute 75 Jahre alt ist. Er verbrachte viele Jahre in mehreren Heimen, wo er Opfer von Gewalt wurde: Im Bürgerheim von Altendorf SZ wurde Rudolf Züger regelmäßig in einen Schweinestall gesperrt. Weil er Bettnässer war, wurde Rudolf Züger im St. Josefsheim in Bremgarten AG wiederholt mit dem Kopf solange in eine Badewanne mit eiskaltem Wasser gedrückt, bis er keine Luft mehr bekam. Im Kinderheim St. Iddazell in Fischingen wurde Rudolf Züger immer wieder geschlagen. Noch heute fürchtet er sich vor kaltem Wasser, hat Albträume, Panikattacken und Erstickungsanfälle. Die meisten Heim- und Verdingkinder, die heute noch leben, haben schwere Beeinträchtigungen davongetragen. Sie leiden bis

---

6 *Hostettler, Otto:* Düstere Jahre. In: Beobachter 86 (2012), H. 10.

heute unter den Entwürdigungen, Peinigungen und den schweren Misshandlungen, die sie in ihren Jugendjahren erleben mussten.[7]

Wenn wir von den fürsorgerischen Zwangsmaßnahmen sprechen, sprechen wir auch von den «Fahrenden»: Die Verantwortlichen des «Hilfswerks für die Kinder der Landstraße» entrissen zwischen 1926 und 1973 rund 600 Kinder ihren Familien. Dabei handelt es sich um Kinder von Fahrenden, insbesondere von Jenischen. Das Ziel des «Hilfswerks», das innerhalb der Stiftung Pro Juventute gegründet wurde, war letztlich die Zerstörung der Lebensform der Fahrenden. Die Kinder dieser Bevölkerungsgruppe sollten zu «sesshaften» und «brauchbaren» Menschen erzogen werden. Aufgrund dieser fürsorgerischen Zwangsmaßnahmen kam enormes Leid über Hunderte von Menschen. Die entrissenen Kinder wurden meist in Heimen und Anstalten fremdplatziert, wo sie oft schwere Demütigungen und Misshandlungen erlebten.

Sprechen wir auch über die administrativen Versorgungen: Bis anfangs der 1980er-Jahre wurden Jugendliche und junge Erwachsene ohne Schuldspruch und Gerichtsurteil administrativ versorgt. Die jungen Männer und Frauen wurden zur «Arbeitserziehung» in geschlossene Anstalten und Gefängnisse eingewiesen, weil sie ein angeblich «liederliches Leben» führten oder als «arbeitsscheu» eingestuft wurden. Auch Frauen, denen man beispielsweise einen «lasterhaften Lebenswandel» unterstellte, wurden wie Schwerverbrecher weggesperrt. Eine von ihnen ist Ursula Biondi. Mit 17 Jahren wurde sie schwanger, eine Liederlichkeit, die eine Einweisung im Frauengefängnis Hindelbank zu Folge hatte. Im Umgang gab es keine Unterschiede zwischen administrativ Versorgten und Straftäterinnen.[8]

Oder Walter Emmisberger, an dem gegen seinen Willen nicht bewilligte Medikamente getestet wurden. Bis heute leidet er an Panikattacken. Er ist damit nicht allein. An Hunderten von

---

7 Vgl. www.wiedergutmachung.ch/schicksale/.

8 *Strebel, Dominique:* «Was die mit uns gemacht haben!» In: Beobachter (2008), H. 20.

ahnungslosen Patienten wurden in Schweizer Psychiatriekliniken Medikamente getestet: Bis Ende der 1970er-Jahre wurden, mitunter für die Pharmaindustrie, Medikamente an Patienten getestet – selbst an Schwangeren und Kindern. Die Tests fanden unter ethisch höchst fragwürdigen und wissenschaftlich zweifelhaften Bedingungen statt. In den Akten finden sich keine Belege, dass die Versuchspersonen über die Medikamententests informiert worden wären. Viele Opfer dieser aktenkundigen Medikamentenversuche leiden noch heute unter den Folgen dieser massiven Eingriffe in ihre körperliche Integrität.[9]

In der Schweiz gab es auch bis in die 1980er-Jahre Zwangssterilisationen. Die 1954 geborene Bernadette Gächter beispielsweise kam als Kleinkind zu einer streng katholischen Pflegefamilie nach St. Margrethen. Mit sieben Jahren zweifelten ihre Pflegeeltern an ihrem Charakter und ließen sie von einem Psychiater untersuchen. Dieser attestierte dem Mädchen ein «infantiles hirnorganisches Psychosyndrom» (heute als Aufmerksamkeitsdefizitsyndrom ADS bekannt). Mit 18 Jahren wurde Bernadette Gächter schwanger, was einen Skandal in der Pflegefamilie auslöste. In der Folge reagierten Vormund, Pfarrer und Hausarzt. Letzterer kam in einem Gutachten zuhanden der Psychiatrischen Klinik Wil zum Schluss, dass Bernadette Gächter «mit ihrer abnormen Veranlagung» nicht in der Lage sei, ein Kind großzuziehen, und empfahl neben einer Abtreibung die Sterilisation der jungen Frau. Pflegeeltern, Hausarzt und der Klinikdirektor setzten sie so stark unter Druck, dass Bernadette Gächter schließlich in den Eingriff einwilligte. Später versuchte sie mit zwei Operationen erfolglos, die Sterilisation wieder rückgängig zu machen. Bernadette Gächter blieb zeitlebens kinderlos.[10]

---

9 *Hostettler, Otto:* Die Menschenversuche von Münsterlingen. In: Beobachter 88 (2014), H. 3.

10 *Rohner, Markus:* Im Namen des Anstands sterilisiert. In: NZZ 227 (2006), Ausgabe 1. Oktober.

«Kein Mensch hat gegenüber dem anderen [...] ein Recht, dessen Leben zu nehmen, zu begrenzen, oder ihm die wesentliche Grundlage für das menschenwürdige Dasein zu entziehen.» – Just in der Zeit, da Otto Karrer diese Worte geschrieben hat, ist dieser Grundsatz hier in der Schweiz mit Füssen getreten worden. Hier in der Schweiz wurde die «Menschenwürde» missachtet und zwar bis in die 1980er-Jahre. Diese Praxis wurde erst 1981 geändert, wohlgemerkt auf Druck von außen, weil die administrativrechtlichen Versorgungen der Ratifizierung der Europäischen Menschenrechtskonvention EMRK entgegenstanden.

Verletzung der Menschenwürde – von der Kindheit ins Erwachsenenleben

Die Tragödie der Opfer dauerte aber auch nach 1981 an. Nicht nur wurden sie in ihrer Kindheit oder Jugend durch die Missbrauchserfahrungen traumatisiert. Sie blieben auch als Erwachsene sozial ausgegrenzt. In den goldenen Jahren des Schweizer Wirtschaftswachstums mochte sich niemand mit dem Schicksal der verdingten, administrativ versorgten oder zwangssterilisierten Menschen auseinandersetzen.

Im Gegenteil. Jeder Anlauf für eine Aufarbeitung wurde gezielt unterbunden. Vor rund 15 Jahren hat der Bundesrat die offizielle Aufarbeitung der Geschichte der Heim- und Verdingkinder noch abgelehnt. Im Parlament hatte man eine Untersuchungskommission gefordert. Doch der Bundesrat wollte davon nichts wissen. Die Problematik der Verdinginder müsse unter dem Blickwinkel der Sozialpolitik betrachtet werden und diese falle in die Kompetenz der Kantone und Gemeinden, so der Bundesrat damals.[11] Einen Vorstoß für eine Wiedergutmachung wegen der Zwangssterilisierungen lehnte das Parlament im Jahr 2004 ab. Fünf Jahre spä-

---

11 *Schürer, Stefan:* Die Verfassung im Zeichen der historischen Gerechtigkeit. Schweizer Vergangenheitsbewältigung zwischen Wiedergutmachung und Politik mit der Geschichte. Zürich, 2009, 285.

ter, im November 2009, tadelte der Menschenrechtsausschuss der UNO in seinem dritten Menschenrechtsbericht die Schweiz, weil sie nichts getan habe, um die bis «1987 durchgeführten Zwangskastrationen zu entschädigen und anderweitig wiedergutzumachen». Der Ausschuss empfahl der Schweiz, das «begangene Unrecht durch Formen der Genugtuung, einschließlich einer öffentlichen Entschuldigung, wiedergutzumachen». Doch geschehen ist nichts.[12]

Diese verweigerte Aufarbeitung traf die Opfer ein weiteres Mal hart. Nicht nur mussten sie mit dem Unrecht, das ihnen angetan wurde, irgendwie weiterleben. Politik und Gesellschaft straften sie unter dem Deckmantel juristischer Argumente oder schlichtem Desinteresse nochmals ab. Die Opfer konnten sich kein Gehör verschaffen und wurden nicht gehört. Sie wurden mit ihren tiefen Verletzungen und ihrer Trauer alleingelassen und blieben so in gesundheitlicher, wirtschaftlicher und sozialer Hinsicht schwer beeinträchtigt.

Ich habe in den letzten neun Jahren viele dieser Menschen besucht und hunderte von persönlichen Briefen erhalten. Zahlreiche Betroffene stehen noch heute am Rand der Gesellschaft, viele leben verwahrlost, in bitterer Armut und bei schlechter Gesundheit. Nur wenige konnten das Urvertrauen, das bei ihnen in der Kindheitsphase aufgrund der Missbräuche zerstört worden war, später neu aufbauen. Nur wenige konnten eine Familie gründen, den Kindern Liebe schenken, eine berufliche Karriere aufbauen und erfolgreich sein. Wie denn auch? Wie oft wurde diesen Kindern gesagt: «Du bist nichts, Du kannst nichts und aus Dir wird nichts!»

Wer die Opfer besucht hat, weiß, dass diese Menschen, die als Kinder und Jugendliche verletzt wurden, durch das Verhalten von Gesellschaft und Staat, oder besser gesagt durch deren späteres Nicht-Verhalten, bis ins hohe Alter geschädigt blieben.

---

12 *Strebel, Dominique:* Schweiz verweigert Wiedergutmachung. In: Beobachter 85 (2011), H. 3.

Als Christ muss man feststellen: Die Menschenwürde, wie sie Otto Karrer definiert hatte, wurde dadurch auch weiterhin verletzt. Mit christlicher Ethik hat dies nichts zu tun.

Die christliche Ethik – so wie ich sie verstehe – ist das Nachfragen nach dem gerechten Handeln. Grundlage ist dabei das Evangelium oder schlicht die Frage: «Wie hätte Jesus gehandelt?»

Und wenn wir feststellen, dass wir nicht im Licht des Evangeliums gehandelt haben, dann gilt es um Entschuldigung zu bitten und Wiedergutmachung zu leisten.[13]

Lancierung der Wiedergutmachungsinitiative

Ich erinnere mich gut: Nachdem ich über Jahre hinweg – auf privater Basis – die Betroffenengruppen beim Aufbau ihrer Vereine und Selbsthilfegruppen unterstützt, eine erste historische Aufarbeitung der Schweizer Heimgeschichte vorangetrieben und in Mümliswil die erste Nationale Gedenkstätte für Heim- und Verdingkinder eingerichtet hatte, nach all diesen Jahren kam ich mit der Politik in Berührung. Ich durfte Einsitz nehmen in der parlamentarischen Gruppe fürsorgerische Zwangsmaßnahmen. Doch meine große Hoffnung auf die Politik wich damals allzu rasch einer Ernüchterung über die Politik. Nochmals – ich erinnere mich gut:

Vor 4 Jahren wurde mir im Bundeshaus mitgeteilt, dass es für die Opfer von fürsorgerischen Zwangsmaßnahmen keine Wiedergutmachung geben könne, schon gar keine finanzielle Wiedergutmachung. Politiker teilten mir damals unmissverständlich mit, dass die Missbrauchsfälle schon längst verjährt seien und dass man die Vergangenheit doch mal ruhen lassen sollte. Als ob die Misshandlungen und Missbräuche ein Verfallsdatum hätten. Als ob ein Opfer vergessen könnte, was einen tagtäglich begleitet.

Nein, diese Ungerechtigkeit konnte und wollte ich nicht akzeptieren! Diese Ungerechtigkeit brachte mich wortwörtlich um den

---

13 *Bausch, Rita:* Jesu Verhalten als Vorbild und Maßstab. Online: www.kath-tg.ch/dossiers/ethik/jesu-verhalten-als-vorbild.html (11.4.2017).

Schlaf und weckte in mir die Überzeugung, dass es hier eine Aufgabe für mich gibt. Wenn man das Wort «Mission» wertindifferent verstehen kann, dann wurde der Kampf um die Wiedergutmachung tatsächlich zu meiner persönlichen Mission: Ich hatte das Glück, dass mich die Lebensumstände nicht gebrochen haben. Im Gegenteil. Ich hatte meinen Platz in der Gesellschaft gefunden und war mit knapp 50 Jahren wirtschaftlich völlig unabhängig – jetzt wollte ich einen Teil dieses Glücks, das mir zuteil wurde, den Betroffenen zurückgeben. Aus diesen Gedanken heraus ist in jener schlaflosen Nacht die Wiedergutmachungsinitiative geboren worden.

Mit der Unterstützung von vielen engagierten Politikern aus allen Parteien, mit dem «Beobachter», mit Historikerinnen, mit engagierten Kulturschaffenden, Exponenten aus Gesellschaft, Wirtschaft und Sport und natürlich zusammen mit den Betroffenen – den ehemaligen Verdingkindern, Heimkindern, administrativ Versorgten, Zwangsadoptierten, Zwangssterilisierten und den Opfern von Medikamentenversuchen – starteten wir die Wiedergutmachungsinitiative. Die verfolgte zwei Ziele:

Erstens sollte die Kontinuität des Denkens durchbrochen werden – deshalb forderten wir eine wissenschaftliche Aufarbeitung der Geschichte der fürsorgerischen Zwangsmaßnahmen.

Zweitens sollte die Initiative die Kontinuität des Handelns durchbrechen – deshalb forderten wir eine Wiedergutmachung in Form eines Solidaritätsbeitrags für die schwerbetroffenen Menschen.

Wir verwiesen dabei auf die Tatsache, dass die Schweiz den Weg der Wiedergutmachung nicht allein gehe und verschiedenste Länder in jüngster Zeit ihre Missbrauchsfälle aufgearbeitet haben. Die Schweiz mit ihrer humanitären Tradition, davon waren wir überzeugt, durfte hier nicht abseitsstehen.

Am Anfang waren wir einsame Rufer, mit unseren Argumenten waren wir ziemlich allein unterwegs. Zu Beginn haben wir immer wieder gehört: Die Wiedergutmachungsinitiative wird scheitern, ihr kriegt die Unterschriften nicht zusammen, die Betroffenen werden am Schluss mit nichts dastehen außer mit enttäuschten Hoffnungen.

Alle diese Warner und Kritiker – sie hatten Unrecht: Wir haben die notwendigen einhunderttausend Unterschriften nicht einfach «rechtzeitig» gesammelt. Nein, wir haben die einhunderttausend Unterschriften in Rekordzeit zusammengekriegt.

Viele der Betroffenen waren fast täglich auf der Straße, haben mit den Passanten gesprochen, ihnen ihre Situation erklärt, Unterschriften gesammelt. Ich habe dies immer bewundert. Bewundert, weil es Mut brauchte, hinzustehen. Die Betroffenen haben damit der Initiative wortwörtlich «ein Gesicht» gegeben. Und: Sie haben damit hunderttausenden Menschen in der Schweiz die Augen geöffnet.

Von nun an waren die Opfer nicht mehr allein. Von nun an gab es diese große Sympathie und Unterstützung der Bevölkerung. Von nun an gab es Hoffnung. Nach all den Jahren des Schweigens und Verschweigens redete man endlich öffentlich und intensiv über eines der dunkelsten Kapitel der Schweizer Geschichte, über die fürsorgerischen Zwangsmaßnahmen. Das war der Anfang der Aufarbeitung.

Und es passierte genau das, was ich mir persönlich immer erhofft hatte: Wie nach einem Dammbruch begannen sich immer mehr Menschen zu melden, die jahrzehntelang ihre Geschichte geheimgehalten oder verschwiegen hatten – sei es aus Scham oder weil ihnen niemand zuhören wollte. Immer mehr Opfer machten den Schritt in die Öffentlichkeit: Sie erzählten ihre Geschichte – ihren Freunden, ihren Frauen oder Ehemännern, sie berichteten ihren Kindern und Großkindern.

Aus Opfern wurden Zeitzeugen. Dank der Initiative können diese Menschen heute laut und deutlich sagen: «Mir wurde Unrecht getan. Mir wurde die Kindheit, die Jugend geraubt.» Heute können die Opfer sagen: «Meine Geschichte, ist Teil der Schweizer Geschichte.»

Darf man die Vergangenheit aus der Gegenwart beurteilen?

Der Erfolg der Unterschriftensammlung und das neue Selbstwertgefühl konnten aber nicht darüber hinwegtäuschen, dass in der

Politik der Widerstand gegen die Wiedergutmachungsinitiative noch immer sehr groß war. Dies zeigte sich im parlamentarischen Prozess, der nun anstand.

Das Hauptargument der Gegner lautete, dass sich die Vorstellung von Recht und Unrecht im Lauf der Zeit verändere, dass man mit der Brille der Gegenwart nicht über die Vergangenheit richten dürfe. Mit diesem «Einwand des Anachronismus»[14] waren schon früher alle Wiedergutmachungsbemühungen unterbunden worden. 2002 beispielsweise, als es um eine Entschädigung der Zwangssterilisierten ging, argumentierten die Gegner, es sei fragwürdig, «dass jedes Mal, wenn auf Grund neuer Erkenntnisse oder auf Grund gewandelter Anschauungen ein Gesetz geändert bzw. neu erlassen werden soll [...] gleichzeitig auch über die Vergangenheit zu Gericht zu sitzen ist». Es gäbe «ein allgemeines Unbehagen, vergangene Ansichten, Ereignisse sowie Rechts- und Gesellschaftsauffassungen mit heutigen Maßstäben zu beurteilen»[15].

Selbst der Bundesrat zeigte sich damals kritisch: Vergangenes zu beurteilen, schrieb er in einer Stellungnahme, erfordere viel Fingerspitzengefühl. Der Blick aus der Gegenwart zurück muss von den damals geltenden Umständen ausgehen. Und er warnte davor, einen Präzedenzfall zu schaffen. Er sprach sich gegen eine Wiedergutmachung, eine finanzielle Wiedergutmachung, aus.[16]

---

14 *Schürer, Stefan:* Die Verfassung im Zeichen der historischen Gerechtigkeit. Schweizer Vergangenheitsbewältigung zwischen Wiedergutmachung und Politik mit der Geschichte. Zürich, 2009, 87.

15 *Lo Russo, Vincenzo/Cossa, Monique:* Übersicht über die Resultate des Vernehmlassungsverfahrens zum Vorentwurf für ein Bundesgesetz über die Voraussetzungen und die Verfahren bei Sterilisationen und über die Entschädigung der Opfer von Zwangssterilisationen und Zwangskastrationen (Bundesgesetz über Sterilisationen), online unter: www.bj.admin.ch/dam/data/bj/gesellschaft/gesetzgebung/archiv/sterilisation/ve-ber-d.pdf.

16 Parlamentarische Initiative Zwangssterilisationen. Entschädigung für Opfer (von Felten), Bericht der Kommission für Rechtsfragen des Nationalrats vom 23. Juni 2003, Stellungnahme des Bundesrates vom 3. September 2003, online unter: www.admin.ch/opc/de/federal-gazette/2003/6355.pdf.

Mit diesen Argumenten also wurde die konsequente Aufarbeitung der Geschichte unterbunden. Mit den exakt gleichen Argumenten wurde ein paar Jahre danach, im Jahr 2016, die Wiedergutmachungsinitiative im Rat bekämpft.

So argumentierte ein Gegner der Wiedergutmachungsinitiative, dass ein Teil der (fürsorgerischen Zwangs-) Maßnahmen zwar aus heutiger Sicht moralisch verwerflich, damals jedoch nicht rechtswidrig gewesen sei. Und jene Maßnahmen, die gegen das Gesetz verstoßen hätten, seien inzwischen verjährt. Der Staat müsse sich an das Recht halten und dürfe nicht aus Mitleid Geldzahlungen leisten. Es gelte, Recht und Moral zu trennen.[17] Und ein Rechtsprofessor und Nationalrat doppelte nach: «Recht ist eine Machtordnung für eine bestimmte Zeit. Es steht uns nicht zu, das, was früher den Rechtsvorstellungen entsprach, was früher Rechtmäßiges getan wurde, unseren heutigen Rechtsvorstellungen zu unterwerfen. Die Menschen früher haben sich an das gehalten, was damals galt. Sie konnten nicht anders.»[18]

Sie konnten nicht anders! Tatsächlich?

Dieser «Einwand des Anachronismus» ist nicht nur für jeden Betroffenen, der beispielsweise auf einem Hof misshandelt wurde, und jede Betroffene, die beispielsweise im Heim missbraucht wurde, unerträglich. Dieser Einwand des Anachronismus geht in vielerlei Hinsicht fehl.

Erstens: Auch früher waren sexueller Missbrauch und schwere körperliche Misshandlung Straftatbestände. Nur wollte damals niemand hinsehen und niemand hinhören, weil die Opfer am Rande der Gesellschaft standen.

---

17 *Forster, Christof:* Kontroverse Entschädigung für Verdingkinder, Bern 25.4.2016, 05:30 Uhr, online unter: www.nzz.ch/schweiz/sondersession-des-nationalrats-kontroverse-entschaedigung-fuer-verdingkinder-ld.15861.

18 Online unter: hansuelivogt.ch/politik/votum-im-nationalrat-wiedergutmachungsinitiative/.

Zweitens: Wer hinschauen wollte, der erkannte schon immer den Missbrauch, dem die Opfer ausgesetzt waren. Einer dieser Systemkritiker war etwa der berühmte Schriftsteller Carl Albert Loosli, der schon vor hundert Jahren gegen das Verdingkindwesen und gegen das unmenschliche Anstaltswesen angeschrieben hatte. Es gab also nie eine homogene Wertevorstellung zu den fürsorgerischen Zwangsmaßnahmen, die besagt hätte, dass diese Politik moralisch richtig sei.[19]

Drittens: Der Hinweis auf «andere Zeiten» relativiert das begangene Unrecht und legitimiert es noch nachträglich bis in die Gegenwart hinein. Dies ist eine gefährliche Kontinuität des Handelns.[20]

Wir haben es immer wieder gesehen, wie die Kriegsverbrecher aller Länder sich hinter diesem Einwand verstecken. Wenn wir mit dieser «absoluten Relativität» die Verletzung der Menschenwürde rechtfertigen, haben wir aus der Geschichte tatsächlich nichts gelernt.

Unbestritten ist die Rechtssicherheit ein hohes Gut. Dort jedoch, wo Recht und Gerechtigkeit völlig voneinander abweichen, müssen wir einen anderen Ansatz wählen. Die Vergangenheit darf an der Gegenwart gespiegelt werden, die Vergangenheit muss an der Gegenwart gespiegelt werden. Der Verweis auf das damals geltende Recht als absolute Größe verhindert sonst eine jede Aufarbeitung der Geschichte. Diese Überzeugung setzte sich insbesondere nach dem Zweiten Weltkrieg durch, als es um die Frage ging, wie man mit Verbrechen aus der Vergangenheit in der Gegenwart umgehen kann. Dabei kam einer der führenden Den-

---

19 *Schürer, Stefan:* Die Verfassung im Zeichen historischer Gerechtigkeit. Schweizer Vergangenheitsbewältigung zwischen Wiedergutmachung und Politik mit der Geschichte. Zürich, 2009, 88.

20 Vgl. *Gross, Raphael/Konitzer, Werner:* Geschichte und Gericht. Überlegungen zur Institutionalisierung einer unabhängigen Gerichtsbarkeit. In: *Arbeitskreis Armenien (Hg.):* Völkermord und Verdrängung. Der Genozid an den Armeniern – die Schweiz und die Shoa. Zürich: Chronos, 1998, 157–162, 159.

ker, Gustav Radbruch, zum Schluss, dass immer dort zugunsten der Gerechtigkeit entschieden werden muss, «wo die Ungerechtigkeit [...] ein solches Maß erreicht, dass die [...] verbürgte Rechtssicherheit gegenüber dieser Ungerechtigkeit überhaupt nicht mehr ins Gewicht fällt»[21]. Ein solcher Fall tritt etwa ein, wenn ein Gesetz die Gleichheit aller Menschen «bewusst verleugnet».

Diese «Gleichheit aller Menschen» beinhaltet – wie Otto Karrer hier anfügen würde – die «Gleichheit der menschlichen Würde». Wird also diese Menschwürde verletzt, oder «bewusst verleugnet», muss in der Gegenwart gegen das Gesetz der Vergangenheit und zugunsten der Gerechtigkeit entschieden werden.

Werden wir konkret: Auch heute werden Kinder fremdplatziert, beispielsweise weil die Eltern nicht für ihre Kinder sorgen können oder Gewalt im Spiel ist. Auch wenn diese Fremdplatzierung schwer ist, eine Verletzung der Würde ist dies noch nicht. Denn es geht hier offensichtlich um den Schutz des «Kindswohles».

Wo aber, wie bei den fürsorgerischen Zwangsmaßnahmen bei den Fahrenden, Kinder weggenommen werden, nicht um das Kindswohl zu schützen, sondern um eine bestimmte Lebensform zu zerstören,[22] wird der Anspruch der Fahrenden verletzt, als gleichwertiges Mitglied der Gesellschaft anerkannt zu werden, was einer offensichtlichen Verletzung der Menschenwürde gleichkommt.

Verdingkinder und Heimkinder wurden psychisch gedemütigt und körperlich massivem Missbrauch ausgesetzt, sie wurden als Menschen zweiter Klasse behandelt, was einer klaren Verletzung der Menschenwürde gleichkommt.

---

21 *Kleinheyer, Gerd/Schröder, Jan (Hg.):* Deutsche und Europäische Juristen aus neun Jahrhunderten. Eine biographische Einführung in die Geschichte der Rechtswissenschaft. Heidelberg: Müller, [4]1996, 343.

22 *Schürer, Stefan:* Die Verfassung im Zeichen historischer Gerechtigkeit. Schweizer Vergangenheitsbewältigung zwischen Wiedergutmachung und Politik mit der Geschichte. Zürich, 2009, 95 f.

Ursula Biondi wurde ohne Gerichtsbeschluss ins Gefängnis geworfen, an Walter Emmisberger wurden Medikamente getestet, und die 18-jährige Bernadette Gächter wurde als «geistesschwach» abgestempelt und unter starkem Druck zur Abtreibung und Sterilisation gezwungen. Der gleiche Arzt hatte bereits ihre Mutter kastrieren lassen. Wer würde da anzweifeln, dass wir es hier mit einer schweren Verletzung der Menschenwürde zu tun haben?

Otto Karrer hat uns vor Augen geführt, dass die Menschenwürde nicht verhandelbar ist. Das Recht, das die Menschenwürde verletzt hat, muss als das benannt werden, was es immer war: nämlich Unrecht.

Dieses Unrecht gilt es aufzuarbeiten. Und weil die Betroffenen noch am Leben sind, ist Wiedergutmachung zu leisten. So haben wir argumentiert. So sind die Wiedergutmachungsinitiative, ein breiter Konsens und schließlich ein politischer Gegenvorschlag entstanden.

Bundesrat setzt ein Zeichen

Der Bundesrat auf jeden Fall hat den Ruf gehört. Als Reaktion auf die erfolgreiche Wiedergutmachungsinitiative hat die Landesregierung unter Federführung der Justizministerin mit großem Engagement und in großer Eile einen Gegenvorschlag erarbeitet. Der Gegenvorschlag hat alle unsere Hauptforderungen übernommen. So wurden die wissenschaftliche Aufarbeitung der fürsorgerischen Zwangsmaßnahmen festgeschrieben und 300 Millionen Franken für finanzielle Leistungen zugunsten der Opfer bereitgestellt. Dass im bürgerlich dominierten Bundesrat diese Lösung eine Mehrheit fand, zeigte, dass sich die Wahrnehmung der fürsorgerischen Zwangsmaßnahmen grundsätzlich verändert hatte.

Auf diese Rezeption der Geschichte und den Kompromiss in Form des Gegenvorschlags hatten wir hart hingearbeitet. Stunden über Stunden. Tage über Tage. Wochen über Wochen. Monate über Monate. Dabei haben wir nie die Schuldfrage oder vermeintlichen Tätergruppen an den Pranger gestellt, nein, es ging uns allein um die Opfer und damit um das Thema der Versöhnung. Auf diese Weise war es möglich, Herzen zu öffnen. So, und nur so, haben wir einen nach dem anderen überzeugt, dass es eine Wiedergutmachung braucht: die Bauernvertreter und die skeptischen Politikerinnen und Politiker, und am Schluss konnten wir sogar die Kirchenvertreter überzeugen.

Ich will es an dieser Stelle nicht verheimlichen: Für die Kirche, und ich spreche hier insbesondere von der katholischen Kirche, war die Annäherung an das Thema schwierig. Argumentativ sprach man von einer «moralischen Verantwortung» und verwehrte sich gegen das Wort «Verpflichtung», wenn es um die Wiedergutmachung ging. Für viele Betroffene, die von Priestern oder Nonnen sexuell missbraucht oder körperlich misshandelt wurden, war diese Semantik unerträglich.

Nach etlichen Gesprächen mit Vertretern der Bischofskonferenz machte aber auch die Kirche den richtigen Schritt und trat dem Unterstützungskomitee bei – mit ihrer Kommission namens «Justitia et Pax», was treffenderweise mit «Gerechtigkeit und Friede» übersetzt werden kann. Mit dieser Einsitznahme im Unterstützungskomitee blieb es vonseiten der Kirche nicht nur bei Lippenbekenntnissen. Die vielfach kritisierte Kultur des Schweigens wurde wiederum ein kleines bisschen durchbrochen. Die Initiative – die Argumente wie auch der Druck – hat bei vielen Akteuren zu einem Umdenken geführt.

Die Lösung, die das Parlament schließlich mit überwältigender Mehrheit von links bis rechts verabschiedet hat, wäre vor der Lancierung der Initiative nicht denkbar und niemals möglich gewesen. Mit dem Gegenvorschlag, der inzwischen in Kraft getreten ist, wurde das Unrecht, das die Opfer erlitten hatten, offiziell anerkannt. Diese Anerkennung ist für die Opfer genauso wichtig wie für die Schweiz als Ganze.

Als wir im Parlament die Mehrheit für die Wiedergutmachung erlangt hatten, sagte ich gegenüber den Betroffenen anlässlich einer Schlussfeier: «Heute ist ein historischer Tag!» Ich weiß, das sind große Worte. Aber für die Schweizer Geschichte war dies tatsächlich ein historischer Tag. Endlich zeigte sich die Politik bereit, die Geschichte umfassend aufzuarbeiten, endlich sprach sich die Politik ohne Wenn und Aber für finanzielle Leistungen aus. Auf dieses Zeichen hatten die Opfer Jahrzehnte gewartet.

Auch wenn kein Geld das Unrecht ungeschehen machen kann: In Zeiten, da an allen Ecken und Enden gespart werden muss, sind die 300 Millionen Franken, die der Bund für die Opfer bereitstellt, ein unmissverständliches Zeichen der Versöhnung. Die Politik will ein Stück Gerechtigkeit wiederherstellen.

Zusätzlich zu diesen 300 Millionen Franken für die Solidaritätsbeiträge werden die Betroffenen mit dem Gegenvorschlag zusätzlich unterstützt. Zu nennen wären etwa das Erlöschen von gewissen Schulden, die mit den Zwangsmaßnahmen in Verbindung stehen, die Unterstützung bei der Suche nach Sparguthaben, die Unterstützung durch die kantonalen Archive bei der Aktensuche oder auch die Nichtanrechnung des Solidaritätsbeitrages bei Steuern, bei Betreibungen, bei den Ergänzungsleistungen AHV/IV sowie bei der Sozialhilfe.

Der beschlossene Gegenvorschlag ist daher gut. Vor allem aber kann der Gegenvorschlag den Opfern schneller helfen als die Initiative. Wäre es zu einer Volksabstimmung gekommen, hätten die Opfer rund vier Jahre länger auf eine Wiedergutmachung warten müssen. Die Folge wäre gewesen, dass viele Betroffene die Wiedergutmachung nicht mehr erlebt hätten. Dies war für uns keine Option. Zu viele sind in den letzten Monaten bereits weggestorben. Ich möchte darum an dieser Stelle all derer gedenken, die bereits verstorben sind und die Wiedergutmachung nicht mehr erleben durften.

Schlussfolgerungen

Ich habe zu Beginn erwähnt, dass mir Otto Karrer eine Orientierungshilfe ist. Mit seinem Blick auf die Menschenwürde konnte ich Kraft finden. Mit seinem Blick auf die Menschenwürde konnten wir die Wiedergutmachungsinitiative argumentativ untermauern.

Damit konnte ein Stück Geschichtsklärung geschehen und ein Stück Gerechtigkeit wiederhergestellt werden. Jetzt müssen wir unsere Lehren ziehen, damit sich Unrecht nicht wiederholt.

Während die Wiedergutmachungsinitiative mit ihren Solidaritätszahlungen für die schwerstbetroffenen Opfer die Kontinuität des Handelns durchbrochen hat, beeinflusst die Klärung der Geschichte die Kontinuität des Denkens. Die Klärung der Geschichte treibt den gesellschaftlichen Vorgang des Erinnerns voran.[23] Die Erinnerung zeigt der nächsten Generation, wohin es führt, wenn Menschen abgewertet werden. Die Erinnerung zeigt aber auch Handlungsoptionen auf: Es ist eben gerade nicht so, dass wir nichts tun können, wenn Menschen abgewertet, stigmatisiert und in ihrer Würde verletzt werden.

Unabhängig von der Rechtslage können wir immer anders. Wir sollten immer gemäß Kants Prinzip der Autonomie handeln. Das heißt, wir dürfen ein Gebot einer Autorität niemals ohne Widerspruch als Grundlage der Ethik anerkennen. Wir müssen immer kritisch beurteilen, ob es moralisch zulässig ist, ein Gesetz zu vollstrecken oder nicht, einem Befehl zu gehorchen oder nicht.[24]

Heute wissen wir, dass die fürsorgerischen Zwangsmaßnahmen unrecht waren. Heute wissen wir, dass viele Verantwortliche vielfach falsch gehandelt haben. Wenn wir uns dies immer und immer wieder in Erinnerung rufen, wird es sich ins kollektive Gedächtnis einbrennen – und das ist gut so.

Wenn wir das kollektive Verdrängen sprengen und eine Ethik entwickeln, die das gesellschaftliche Handeln und die Rechtsent-

---

23 *Gross, Raphael/Konitzer, Werner:* Geschichte und Gericht. Überlegungen zur Institutionalisierung einer unabhängigen Gerichtsbarkeit. In: *Arbeitskreis Armenien (Hg.):* Völkermord und Verdrängung. Der Genozid an den Armeniern – die Schweiz und die Shoa. Zürich: Chronos 1998, 157–162, 161.

24 *Popper, Karl R.:* Über die sogenannten Quellen der Erkenntnis. In: *Ders.:* Auf der Suche nach einer besseren Welt. Vorträge und Aufsätze aus dreissig Jahren. München: Piper, 1984, 55–63, 59 f.

wicklung beeinflusst, dann haben wir die Chance der Geschichtsklärung genutzt.

Geschichte kann sich wiederholen. Und die Geschichte wird
sich wiederholen. Das «Ende der Geschichte» auf jeden Fall, die
Vorstellung, dass sich die Demokratie endgültig und überall durch-
setzen wird, ist nicht eigetroffen. Und selbst die Vorstellung, dass
Demokratie und Rechtsstaat unantastbar seien, hat sich als falsch
erwiesen.

Otto Karrer hat erlebt, wie aus Kulturnationen mörderische
Gebilde wurden. Otto Karrer hat 1940 genau beobachtet, wie Menschen abgewertet und ausgegrenzt wurden. Und er hat dieser Entwicklung sein Prinzip der universellen Menschenwürde entgegen-
gesetzt.

Ich denke, wir brauchen heute den Blick auf Otto Karrer noch
immer, vielleicht noch verstärkt. Die Schweiz mag ein Hort der
Demokratie und Rechtsstaatlichkeit sein. Aber diese Pfeiler, die die
Menschenwürde erst ermöglichen, müssen immer wieder vertei-
digt werden. Ein Blick über die Grenzen zeigt, dass unter gewissen
Bedingungen das, was uns selbstverständlich erscheint, insbesondere die Gleichheit der Menschen, allzu rasch wieder infrage
gestellt werden kann. Otto Karrer hat hierzu Worte niederge-
schrieben, die ich Ihnen nicht vorenthalten will. Denn sie sind uns
ein moralischer Kompass, eine Hilfe, wenn es darum geht, in unsi-
cheren Zeiten richtig zu handeln:

«Achte jeden: Ehre in jedem Gottes Geschöpf.» So die erste
Forderung von Otto Karrer.

Dann: «Liebe die Deinen, und sei gut zu allen!»

Und schließlich: «Achte dich selbst: Wirf dich nicht weg an das
Gemeine! Denn ‹was nützt es dem Menschen, wenn er die ganze
Welt gewänne, aber an seiner Seele schaden litte?› (Mt 16,26).
Darum wirf dich nicht weg an die Masse, denn in der Masse
herrscht das Gemeine, wie bei den Geiern, nach Jesu Gleichnis, die
sich über das Aas hermachen (Mt 24,28). Und wirf dich nicht weg
an einen Menschen, dass du ihm zuliebe dich selbst, dein Gewissen, preisgäbest, denn ‹was könnte ein Mensch zum Ersatz für die

Seele bieten?› (Mt 16,16). Und wirf dich nicht weg an einen Führer, dass er dir an Stelle deines Gewissens sei – niemand kann einem anderen in diesem Sinn Führer sein. Lass dich beraten, höre auf guten Rat, aber lass dich nicht beherrschen von einem Menschen!»[25]

Otto Karrer ist mir eine Orientierungshilfe. Und ich denke, bei diesen Worten darf man sagen: Otto Karrer ist uns allen ein Vorbild.

---

25 *Karrer, Otto:* Schicksal und Würde des Menschen. Die Frohbotschaft Christi. Grundfragen des menschlichen Lebens. Einsiedeln: Benzinger, 1940, 86 f.

Autoren

Frère Alois, Jahrgang 1954, ist seit 2005 Prior der Communauté von Taizé.

Thierry Carrel, Prof. Dr. med. Dr. h.c., Jahrgang 1960, ist Professor und Direktor der Universitätsklinik für Herz- und Gefässchirurgie, Inselspital und Universtität Bern und seit 2014 Co-Chefarzt der Herzchirurgie an der Hirslanden Klinik Aarau.

P. Francisco-Javier Kardinal Errázuriz Ossa ISch, Jahrgang 1933, ist emeritierter Erzbischof von Santiago de Chile und seit 2013 Mitglied des Kardinalsrats.

Udo di Fabio, Prof. Dr. Dr., Jahrgang 1954, ist Richter des Bundesverfassungsgerichts a. D. und seit 2003 Universitätsprofessor für Öffentliches Recht an der Rheinischen Friedrich-Wilhelms-Universität in Bonn.

Guido Fluri, Jahrgang 1966, ist Schweizer Unternehmer, Präsident der Guido Fluri Stiftung und Initiator der Volksinitiative «Verdingkinder».

Gerhard Ludwig Kardinal Müller, Prof. Dr. theol., Jahrgang 1947, ehemaliger Bischof von Regensburg (2002–2012) ist Präfekt der Kongregation für die Glaubenslehre.

Ernst Ulrich von Weizsäcker, Prof. Dr. rer. nat., Jahrgang 1939, ist seit 2012 Co-Präsident des Club of Rome und Mitglied des International Resource Panel (UNEP).

Wolfgang W. Müller, Dr. theol., Jahrgang 1956, ist Professor für Dogmatik an der Theologischen Fakultät der Universität Luzern und Leiter des Ökumenischen Instituts Luzern.

Peter Vogelsanger, 1912–1995, war Pfarrer, Gründer und Chefredaktor der politisch-kulturellen Zeitschrift Reformatio, Mitglied der Synode der Evangelisch-reformierten Landeskirche des Kantons Zürich, Präsident der Abgeordnetenversammlung des Schweizerischen Evangelischen Kirchenbunds.